構造計画の原理と実践

金箱温春 著
Yoshiharu Kanebako

建築技術

はじめに

　建築の設計においては，構造計画（構造デザイン）が重要であることは言うまでもありません。構造計画は，普遍的な構造技術を前提とするとともにそれぞれの建築の個別性にも対応し，要求される諸条件に対してバランスを考えることが必要であり，いわば普遍性と個別性の相反する要素を兼ね備えたものです。そのため，構造計画を考えるためには，一般論を体系的に理解した上で個別の設計への応用を計ることや，逆に個別の設計事例を学び，そこから一般性・普遍性を導き出すことも必要です。構造計画が自在に行えるようになるためには，多面的な思考が必要とされるわけです。

　このことは，筆者自身の経験でもあります。筆者は1977年から30年以上に渡って構造設計を行ってきています。実務を始めたころに先輩方より，構造計画が重要であると示唆され，構造計画に関する本，クルト・ジーゲル，エドワルド・トロハ，ピエール・ルイジ・ネルビー，マリオ・サルバドリーなどの本を読みふけりました。一方では，実務として修得しなければならないことも多く，担当したプロジェクトの構造設計をこなしていくことで無我夢中の日々を過ごしていました。本で読む構造計画の話と，実際の業務との関連を少しは感じることはありましたが，違う次元の世界のことと感じることも多く，もどかしく思えたものです。しかし，実務体験を重ねるにつれて，工学に基づく普遍的な部分と個々の建物における個別性との関係を意識することにより，構造計画の原理や意義が自分なりに理解できるようになった気がします。

　本書を手がけた動機は，普遍性と個別性を備えた構造計画論を整理し，計画論の原理・原則と実務との橋渡しをすることです。『構造計画の原理と実践』というタイトルは，そんな思いを込めています。筆

者が実務経験を通して整理した構造計画の手法を一般論として説明し，構造設計を手がけた事例をそれぞれのテーマに即して紹介し，一般論と個別論を結び付けて説明していることが特徴です。個別性に重点を置くことは普遍性から離れることでもあり，普遍性と個別性とはともすれば矛盾することがあります。このことは別の視点で見ると，建築と構造の関係の微妙なことでもあり，構造設計の難しいところでもあり醍醐味ともなっています。本書では，このことにも焦点を当てています。

　本書は，章ごとに独立した内容となっており，それぞれで完結するようになっています。第1章は導入部で，構造計画の全体像や建築と構造の関係について述べています。第2章の「架構の形態と力学」は，構造物の形態や部材構成と力学との関係を述べています。形態と力の伝達方向に注目して構造形式の分類を行っていることや，耐震要素の配置によって構造形式を分類していることが特徴です。第3章の「構造材料の特性と設計への適用」は，それぞれの部材や接合ディテールの特徴とその利用法を述べています。第2章，第3章は，構造計画を考える上での"架構"と"部材"に相当する基本的な内容です。第4章の「ハイブリッド構造」は第3章の応用編でもあり，この構造の意義や注意点について述べています。第5章の「建築形態の多様性と構造計画」は，建築と構造の関係を考える上での興味深い事例を集めたもので，構造計画の難しく悩ましい部分を取り上げたものです。第6章は「地盤と基礎構造」がテーマで，基礎計画の基本的な内容とともに，地盤や敷地の条件によって建築の上部構造にも影響があることを示しています。第7章は「耐震改修のデザイン」を取

り上げています。筆者が最近興味をもっている分野であり，"新しい"構造デザインの分野と捉えています。第8章は「解析」について取り上げています。構造計画では創造行為と分析行為の両輪が不可欠であり，分析行為としての略算が大きな役割を占めていることを述べており，具体的な手法も紹介しています。構造計算にコンピュータを用いることが主体となってきていますが，計算結果に敏感になり，判断手法をもつことが重要であるという主張も込めています。第9章は「今後の展望」と題した章で，構造計画とは直接的には関係しないことですが，構造設計を志す人たちにぜひ伝えておきたいメッセージを綴ったものです。構造設計者の歩んできた道を振り返り，耐震強度偽装から始まった昨今の状況の変化を考え，今後の立ち位置を考える内容です。

　構造設計の事例に関しては，それぞれの章の項目に当てはまる部分を重点的に解説しているため，事例の細部に渡っての説明が希薄となっているものもあります。巻末に建物や構造設計解説文の掲載誌を載せていますので，より詳細な内容を知りたい方はそれを参考にしていただければと思います。

　筆者は，いくつかの大学において非常勤講師として「構造計画」や「構造デザイン」について講義を行ってきました。工学院大学では1996年から6年間，神奈川大学では2004年から，東京工業大学では2009年から，いずれも半期(13～15回)の講義を行ってきています。それらは構造設計事例を紹介しながら構造計画を体系的に述べるという内容で，本書の狙いと同じです。事例が増えるに従って構成内容を修正しながら講義を行ってきており，本書はそれらの講義資料や今

までに書きとめた原稿をもとに編集して書き改めたものです。講義では構造を専攻する学生だけでなく，意匠設計など他の分野を志す学生にも，構造計画の重要性を理解してもらうことも心掛けてきました。本書においてもその思いは同様です。建築を志す学生の方，またすでに実務に就いている意匠設計者や構造設計者にとっても有益な書となることを望みます。なお，内容についてお気づきの点は，ご教示いただければ幸いです。

　本書では，多くの事例を取り上げています。建築主が企画し，建築設計事務所が筆者に構造設計を依頼していただいたことにより貴重な経験ができ，この本の執筆につながりました。事例の掲載に関しても快くご了解いただき，多くの資料を提供していただきました。建築主，建築設計事務所の皆様に深く御礼申し上げます。これらの建物は，一部は筆者が横山建築構造設計事務所で担当者として携わったものですが，大部分は金箱構造設計事務所において実施したもので，スタッフがそれぞれ構造設計や監理を担当してできあがったものです。現旧のスタッフの皆様に感謝いたします。また，本書の取りまとめにあたり，金箱構造設計事務所の坂本憲太郎君，田村尚土君，岡山俊介君には資料作成など多大な協力いただきました。

2013 年 3 月吉日
金箱温春

構造計画の原理と実践

目次

はじめに ………………………………………………………………………… 002

【第1章】
構造計画の意義
1.1 建築と構造 ……………………………………………………………… 010
1.2 構造設計の中での構造計画の位置づけ ……………………………… 011
1.3 構造設計の与条件 ……………………………………………………… 013
1.4 実プロジェクトに見る建築と構造の関係 …………………………… 015
1.5 構造計画の構成要素 …………………………………………………… 020

【第2章】
架構形態と力学
2.1 力の流れを制御する …………………………………………………… 022
    2.1.1 力の流れと種類
    2.1.2 構造計画における荷重の認識
    2.1.3 構造物の形態による力の制御
    2.1.4 部材構成による力の制御
2.2 鉛直荷重に対する架構計画 …………………………………………… 041
2.3 水平荷重に対する架構計画 …………………………………………… 046
    2.3.1 静的な水平力の意識と力の流れ
    2.3.2 耐震要素の平面的な配置計画
    2.3.3 耐震要素の高さ方向の配置計画
    2.3.4 高層建築における特殊性
2.4 地震力に対する抵抗メカニズム ……………………………………… 055
    2.4.1 抵抗メカニズムの種類
    2.4.2 免震構造・制振構造

【第3章】
構造材料の特性と設計への適用
3.1 構造材料の種類 ………………………………………………………… 062
3.2 接合部の計画 …………………………………………………………… 066
3.3 鉄筋コンクリート造の建物 …………………………………………… 068
3.4 プレキャストコンクリート造・プレストレストコンクリート造の建物 …… 072
3.5 鉄骨造の建物 …………………………………………………………… 074
3.6 木質構造の建物 ………………………………………………………… 081

【第4章】
ハイブリッド構造

- 4.1 ハイブリッド構造の意義と分類 ……………………………… 088
- 4.2 部材のハイブリッド …………………………………………… 092
- 4.3 構造システムのハイブリッド ………………………………… 094

【第5章】
建築形態の多様性と構造計画

- 5.1 建築形態の多様性と構造計画 ………………………………… 102
- 5.2 不定形な形態に対する構造計画の事例 ……………………… 103
- 5.3 建築デザインの意義と構造のルール ………………………… 112

【第6章】
地盤・敷地にかかわる構造計画

- 6.1 基礎計画の予備知識 …………………………………………… 120
- 6.2 地盤状況と基礎構造の関係 …………………………………… 122
- 6.3 地下構造の計画 ………………………………………………… 124
- 6.4 特殊な敷地への対応 …………………………………………… 127

【第7章】
耐震改修における構造計画

- 7.1 耐震改修の意義 ………………………………………………… 136
- 7.2 耐震改修の基本的な考え方 …………………………………… 136
- 7.3 イメージを変える耐震改修事例 ……………………………… 139
- 7.4 イメージを変えない耐震改修事例 …………………………… 146

【第8章】
構造計画と解析

- 8.1 略算・簡易計算と詳細計算の役割 …………………………… 150
- 8.2 簡略化した解析モデルの考え方 ……………………………… 150
- 8.3 略算・簡易計算の具体的方法 ………………………………… 152

【第9章】
構造設計・構造設計者の今後の展望

- 9.1 構造設計者を取り巻く状況 …………………………………… 160
- 9.2 構造設計と法規定 ……………………………………………… 161
- 9.3 一般の人に対する構造設計者の説明 ………………………… 163
- 9.4 今後の展望 ……………………………………………………… 166

建物事例掲載誌 ……………………………………………………… 168
参考文献 ……………………………………………………………… 170

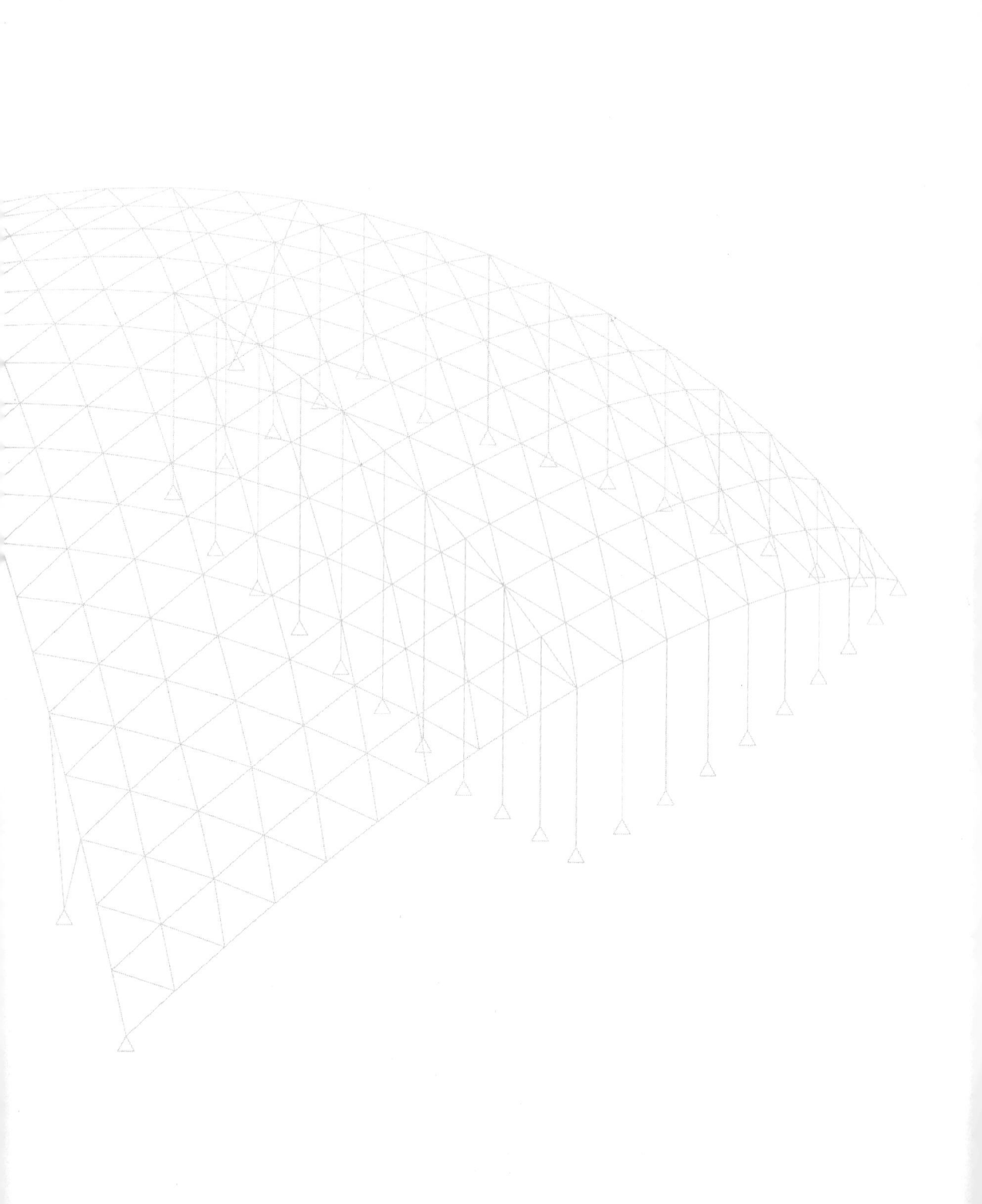

【第1章】

構造計画の意義

1.1　建築と構造

　古代ローマの建築家ウィトルウィルス[1]は，著作した建築書の中で建築に必要な三要素は firmitas（強），utilitas（用），venustas（美）であると述べている（図1-1）。これは21世紀において建築をつくることに携わっているわれわれにとっても拠り所とできる言葉である。建築は，まず十分な強度と耐久性がなくてはならず，次に建物としての機能を満たしていることが必要であり，その上で美しさも求められる。古代では建築と構造とは一体として意識され，それぞれの時代や地域においてさまざまな様式が生み出され，名建築と呼ばれるものは形態と構造の見事な統一，融合が図られている。日本の木造建築においても西欧の石造建築においても，近代以前の建築では経験を頼りにして構造を考えつくりあげてきていた。その後，16世紀に始まった近代力学の確立，18世紀の産業革命による技術・社会の変化を経て，19世紀後半に登場した近代建築では，構造設計は経験だけではなく工学技術を根拠として論理的に組み立てられるようになってきた。このような状況の中で構造設計という職能が分離し確立されるようになった。現代では建築設計と構造設計とは別の職能として意識されてきており，ともするとそれぞれが専門分野をより深く追求し別個に効率よく設計を行うことを追求しがちであるが，ウィトルウィルスの言葉にもあるように建築と構造の密接な関係は不可欠である。建築計画のイメージをどのようにして具現化するかが構造計画の役割とも言えるし，逆の視点に立てば，構造計画によって建築計画の具体的な内容が変わっていくこともある。また，構造計画では建築計画のイメージを実現する際に，自然法則，物理法則に従って形態や構造部材の大きさを決めていくことにより，合理的にイメージを具現化していくことが重要である（図1-2）。空間のイメージや質（これが用と美）を満たすように，最適な材料で最大の効率をもつ架構を構成することが構造計画の本質である。

1）マルクス・ウィトルウィルス・ポリオ（Marcus Vitruvius Pollio, 紀元前80年/70年〜紀元前25年）は，紀元前1世紀，ローマ帝国初期に活動した建築家・建築理論家。『建築について』（De Architectura『建築十書』ともいわれる）を著した。この書物は現存する最古の建築理論書であり，おそらくはヨーロッパにおける最初の建築理論書でもある。

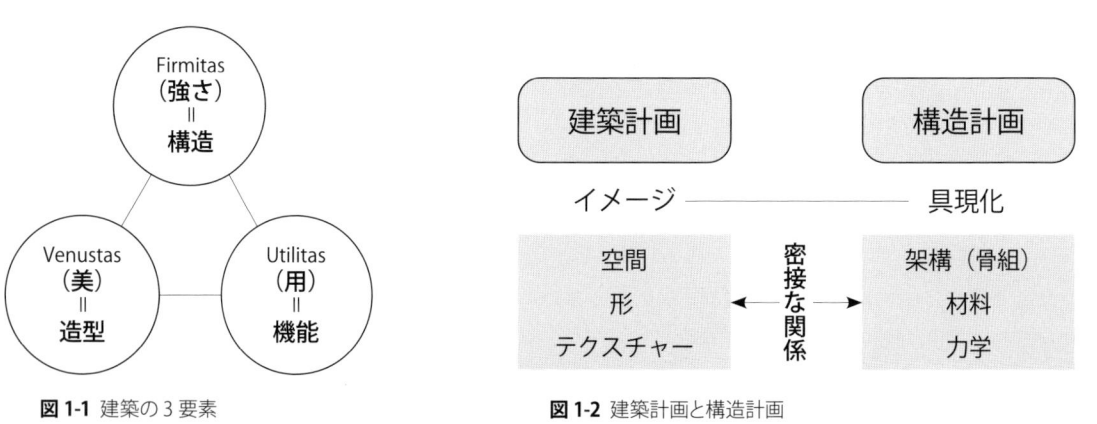

図1-1 建築の3要素

図1-2 建築計画と構造計画

1.2　構造設計の中での構造計画の位置づけ

　構造設計のプロセスはおおむね図1-3に示すようである。一般的には基本設計，実施設計という区分が行われているが，構造計画は基本設計を包含し実施設計の一部を含むものである。設計の与条件の分析を行い，それを考慮して構造システムを立案し，概略の検討を行いながら構造を決定していく行為を構造計画と位置づけている。構造システムが決定されると，その後の実施設計の段階において詳細な構造計算が行われ，設計内容が与条件に適合しているかどうかの検証を行い，必要な場合には構造システムの修正が行われる。ただし，この段階での修正は部分的な構造システムの修正やディテールの調整であり，構造計画まで遡って修正を余儀なくされることは現実的ではない。基本設計（構造計画）が重要である，という理由はここにある。構造計算の結果も踏まえて構造部材の決定が行われ，設計図書が作成されて，設計が完了する。設計者の役割としては，この後の工事段階で設計意図を伝達することや工事監理を行うことまでが含まれる。

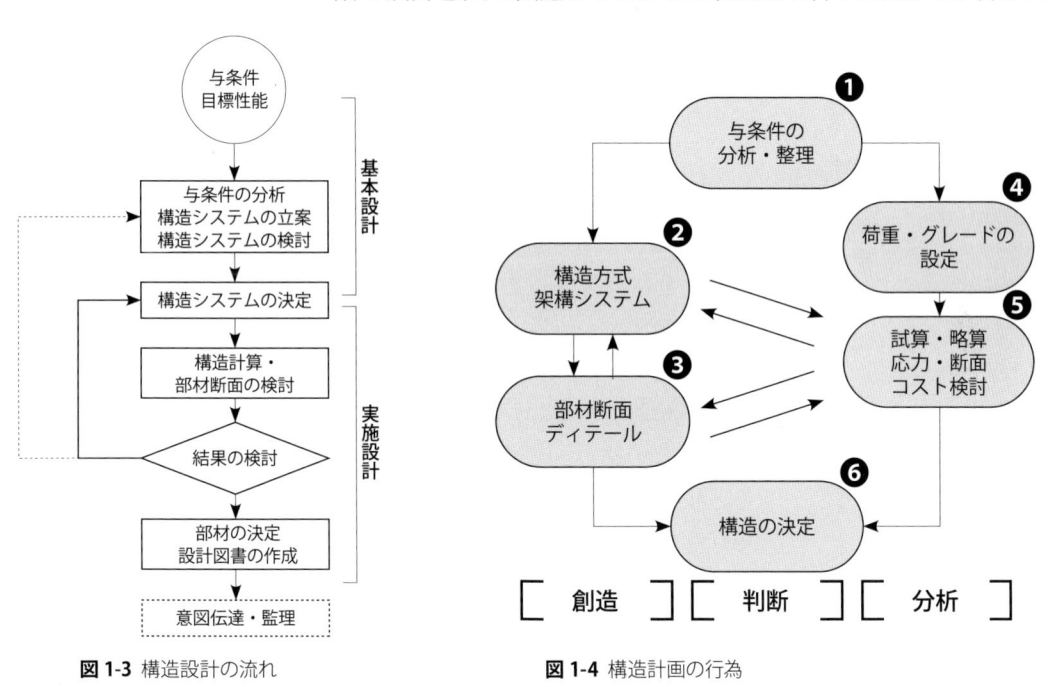

図 1-3 構造設計の流れ　　　　　**図 1-4** 構造計画の行為

　以上のように，構造計画は構造設計の方向性を決めるための行為であり，構造設計の中核となるものである。建築計画と構造計画は不可分の関係にあり，建築計画の進行に伴って構造計画も同時に行われることが重要である。建築計画ができあがってから構造方式を決めるということも可能ではあるが，建築計画が先行することで構造的な合理性を欠き，あるいは極めて不経済な設計となるなどバランスを欠

いた計画となる懸念がある。また，構造計画は個性的，主観的な要素を含んでいることが特徴であり，基本的な事項には共通性があるものの，細部にわたってまで普遍的な手法が確立されているものではない。構造計画の進め方は設計者によって異なるが，筆者は以下のようなイメージをもっている（図1-4）。

❶与条件の分析・整理

　建築設計者や建築主との打合せに基づき，プロジェクトの規模，機能，敷地条件や建築計画のイメージなど構造設計の与条件を把握する。どんな建築物なのか，建築計画として何を求めているのか，構造として何ができそうなのかなどを思い描く，夢と想像が膨らむ時でもある。

❷構造種別・架構方式の計画，❸部材断面・ディテールの計画

　❶をもとに構造の組立て方を模索し，構造形式の検討と並行して部材断面とディテールの見通しを立てる。この段階では一つの方法にこだわることなくさまざまなアイデアや可能性を考える，いわば発散的で創造的な思考を行うことがよい。デザインの可能性を広げるために複数のアイデアを比較検討することにより，よりよいアイデアを見つけられることもあるし，構造的なアイデアにより建築計画が変わっていくこともある。複数のアイデアから方向性を選択していくためには，構造的なアイデアを定量的に検討して構造体の概略断面を決め，建築計画との整合性，安全性の確保，コストなどについての検討を行うことが必要となる。

❹荷重や構造性能のグレードの設定

　安全性の検討を行うために，荷重や構造性能のグレードを設定することが必要であり，これも与条件から決定される[2]。与条件の段階では詳細まで明確となっていないが，計画の進展にしたがって明確にされていく内容もある。

❺定量的な検証

　アイデアを定量的に把握して構造体の概略断面を決め，建築計画との整合性，安全性の確保，コストなどについての検証を行う。初期の段階では短時間で結果を把握して計画の妥当性や定量的な目安を得ることが必要であり，略算や簡易モデルによる検証も有用である。構造システムの考案が発散的，創造的であることに対して，分析は集中的，客観的な行為である。

---

[2] 荷重や構造性能は法で最低限が規定されてはいるが，本来は建物ごとに設定すべきであるという考え方があり，「性能設計」と呼ばれている。本書では，これについてはあまり言及していない。例えば，日本建築構造技術者協会編『建築の構造設計』オーム社（2002年）には，目標性能と性能メニューとして，荷重・外力の大きさと建物の挙動や状態を関連づける設計の考え方が詳細に記述されている。

❻ 構造の決定

定量的な検証の結果をもとに，アイデアが適切であるかどうかを判断し，必要であれば見直しを行う。アイデアの創出とその分析とが両輪となって構造計画を進め，最終的に与条件を含めたさまざまな要因を考慮して構造設計内容を決定することとなる。ただし，与条件どうしが矛盾することもあるため，全体を見定めたバランスによって判断することが重要である。建築計画と構造的整合性との矛盾点をどこで折り合いをつけるか，特殊な構造の場合に施工が実現可能なものとなっているか，また設備計画と構造計画の関係は適切であるか，さらにコストの制約との関連において実現可能な計画となっているかなどを総合的に判断する。

以上のように，構造計画や構造設計は創造（発散的，主観的な思考），分析（集中的，客観的な思考），判断（総合的，経験的な思考）という三つの思考行為の積み重ねと繰り返しによって行われるものである。

1.3 構造設計の与条件

1.1では，建築の3要素を取り上げて建築と構造の関係を考えてみたが，バランスの取れた建築を目指して構造設計を行うためには，もう少し詳細にさまざまな要因との関係を考えておくことが必要である。以下に，構造設計にあたっての与条件を取り上げる[3]。

1）造形性

建築計画と密接な関係があり，建築物の形や構造材料（仕上げとして表現されることもある）の決定に直接関係するものである。イメージする形態に対しての構造の実現可能性を判断することは，計画の初期段階で必要となる。

2）機能性

機能性には，建物規模，用途（積載荷重），防振・防音の性能，設備計画，居住性能などが関係する。空間の大きさ，構成，用途などから派生する条件でもあり，大空間が必要とされる場合にはそのための合理的な構造が必要となり，複雑な空間構成が必要とされている場合には，それに見合った架構を考えなくてはならない。また，防振・防音対策など高度な機能が要求される性能は，構造強度だけではなく，剛性を確保することや減衰付与・遮音など特殊技術が必要となることもある。

3）構造設計の与条件については，今までにも多くの人が言及されている。例えば，横山不学は与条件を構造性能という言葉で表現し，それが目的性能・安全性能（または力学性能）・施工性能から構成されると述べている。さらに，目的性能は空間性能・表現性能・居住性能・経済性能に細分化され，安全性能は耐重性能・耐時性能（耐久性・耐候性）・耐震性能・耐風性能・耐火性能に細分化されるとしている（建築構造設計シリーズ編集委員会編『建築の構造計画』丸善（1972年））。

3) 敷地特性

　敷地は建築物ごとに個別の条件であり，形状と地質について把握することが必要である。形状については敷地の大きさや傾斜の具合など，地質については地盤の構成や安定状況を把握する。大きな見方をすれば，地震・雪・風などの荷重も敷地特性と考えることができる。構造計画に先立ってはこれらの情報収集が必要であり，周辺の地盤状況の調査や敷地内での地盤調査など多角的な情報により地盤の特性を理解することや，地形の状況，道路の取り付き状況などを把握することが必要となる。地質条件によっては基礎構造の形式が決まるだけではなく，上部構造のつくり方にまで影響を及ぼすことがある。敷地の状況によっては施工可能な工法が限定され，それが建築と構造に影響を与えることもある。

4) 安全性

　構造設計にとって最も重要な条件である。法で規定された安全性を確保することは最低条件であり，それ以上に個別の建築物の安全性のレベルや，その実現方法について考える必要がある。地震後の建築物の被害の状況や修復に対する考え方などについては，建築主との合意によって決定すべきものであり，建築物の安全性について設計者が建築主に対して説明し理解を得ることがよい。安全を考える対象は重力，地震，雪，台風などであり，これらの自然現象を理解することも必要である。自然現象は未知なことやばらつきも多く，現象として把握しにくいものであることを認識し，自然を侮らない謙虚な態度が必要である。

5) 耐久性

　建物は安全であるとともに，長持ちすることが求められる。仕上げや設備については定期的に更新するという考え方もあり得るが，躯体については耐久性の高いものが必要である。耐火，防錆，防蟻などの性能も含まれる。

6) 施工性

　設計に当たっては，建設地域やプロジェクト規模を考慮した施工状況をイメージすることが必要である。これを怠ると，図面どおりには施工できないということが起こる。建物の建設にはいろいろな技能をもった技術者や組織がかかわるが，プロジェクト規模や地域性に見合った加工や製作技術を認識し，それぞれのプロジェクトで使用可能な技術を配慮した設計が必要である。

7）経済性

　経済性は影響の大きい与条件であり，コスト調整は設計において最も苦労することである。デザインや性能が優れていても，予定されたコストで建設できなくては意味がなく，コストによって設計内容が制限されることもある。最近では，建設時のコストだけではなく，災害を受けた後の修復コストや維持管理コストも考慮して設計を行うこともある。

　以上のように建築をつくるためにはさまざまな与条件が与えられ，これらに対して最適な解答をつくり出していく行為が構造計画や構造設計である。しかし，これらの要素はお互いに矛盾をすることが多く，すべての要素の最適解を集めて設計することができず，取捨選択を繰り返して建築物をつくっていくことに設計の難しさがある。したがって，設計においては与条件相互に対してのバランス感覚が重要である。

1.4　実プロジェクトに見る建築と構造の関係

　以上の項では，建築と構造の関係や構造設計の与条件について一般論を述べたが，実際の建築は個別性が大きくさまざまな状況のもとでつくられていくので，建築計画と構造計画の関係もプロジェクトごとに異なるものとなる。そこが建築設計の難しく，面白いところでもある。構造合理性を重視する建築もあり，空間デザインを重視する建築もあり，あるいは構造を表現する建築，表現しない建築もあり，プロジェクトによって，あるいは建築家の好みによっても構造に期待するものが異なり，多様な価値観によってつくられる。構造計画として何がふさわしいかは客観的に決められるものではなく，プロジェクトごとに向かうべき方向を見定めていくことが必要である。ただし，いずれの場合でも，必要な安全性を確保することや与えられたコスト条件の中で成立していることは不可欠である。以下に，特徴のある3つのプロジェクトの構造計画について比較する。

京都駅ビル〈アトリウム〉

　1991年に国際コンペが行われて原広司氏の案が選ばれたものであり，23万m²の巨大な複合建築である。アトリウムは建物中央部に位置し，長さ200m，幅30m，高さ60mの規模をもつコンコースをガラスの屋根と壁面で覆う空間であり，地上45mの高さには屋根から吊り下げられた空中経路が設けられている。写1-1はコンペ提案用に建築家により作成された内観パースであり，このアトリウムに対する明

確な建築と構造のイメージがある。それは細かいグリッド（縦，横，厚みとも 1.44m）で繊細な部材を一様に配置してガラスのアトリウムをつくるということであり，このイメージを実現するのが構造計画のメインテーマであった。この構造を大局的に見ると，短手方向に架け渡した湾曲したトラス構造であるが，支持点は分散的に設けられているため，長手方向への力の伝達が必要であり，力の流れや大きさは構造体の中では一様ではない。しかし意匠的には部材を一様に配した形態が求められ，どのように対応するかが課題であった。解決法として，短手方向に一様なトラスを並べ，長手方向の力を伝達させるためと地震時の面内方向の強度確保のために，面内方向に最小限の斜め部材を配置した（図1-6）。このようにすると，斜め部材によって長手方向や高さ方向にトラスが形成され，格子グリッドの部材は一様なままで，力の流れに対応させることができた。このようにして，すべての部材を 10cm の角型鋼管に統一し，応力の集中に対しては部材の厚みを変えることにより，繊細で均一な鉄骨構造のイメージを実現した。グリッドが細かく接合部が多いことも特徴であり，接合部は部材が集結したままを表現することとし，部材どうしを溶接によって接合し，一部の応力の大きい部分には鋳鋼を用いた。

「細かいグリッドであることが，部材・接合部の選択に対して大きな影響がある。グリッドの大きさは適切なのかどうか」は，大変悩んだ問題である。経済性や施工性という観点から考えると，接合部の多さは確かにマイナスかもしれない。しかしこのプロジェクトにおいては，グリッドの細かさはデザインとして決定的な意味をもっていた。

京都駅ビル
設計　原広司＋アトリエ・ファイ建築研究所
構造設計　木村俊彦構造設計事務所（協力：金箱構造設計事務所）
所在地　京都府京都市
竣工年月　1997年7月
延床面積　237,689m²
階数　地下3階地上16階建
構造種別　S，SRC

写 1-1　アトリウム内観パース

写 1-2　アトリウム内観

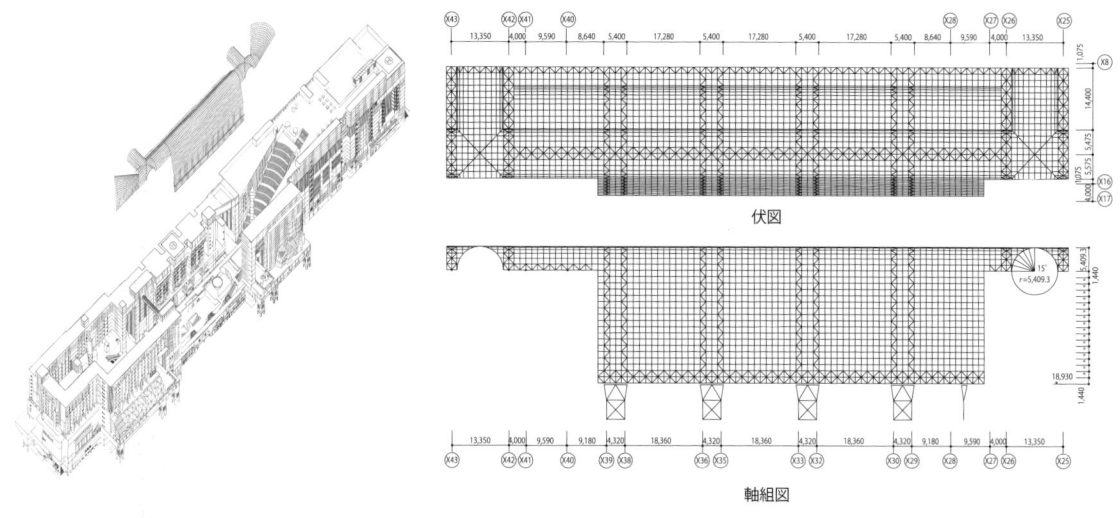

図1-5 駅ビルの構成　　**図1-6** アトリウム鉄骨の伏図と軸組

県立ぐんま昆虫の森　昆虫観察館

　里山を整備した県民の森に、自然体験学習の拠点として生態温室を備えた昆虫観察館が計画された。施設の屋上を階段広場とする基壇部分とし、その上に1辺が70mに及ぶ球面を切り取った形態のガラスドーム屋根が設けられている。生態温室は屋根の一部を取り込んだ形で周囲にガラスの壁で仕切られた空間がつくられている。この形態が建築家から提示され、極力、透明感のある構造体を実現するための構造形式の提案が必要であった。球面の形態を生かした単層ラチスシェル構造として計画することは必然であるが、グリッド分割、支持方式についていくつかの案の検討を行った。球面を3つの平面で切断した形状であることより、屋根面を三角形グリッドで分割し、1辺を24分割としてグリッドの長さは約4mとした（写1-5）。建築的な成り立ちからは、3点の隅角部と温室外周部の柱部材によって屋根を支えることができるが、この場合には温室以外の支持スパンの大きい部分での応力や変形が大きくなり、その部分で部材断面が決定されてしまう。そこで、部材を小さくするため、温室外周部の他に屋根面周囲の2辺の中間をV字型の柱で支えることによって、ドーム架構としての利点を生かすことを考えた（図1-7）。部材形状は視覚性やメンテナンス性を考慮して鋼管を採用し、周辺部の部材はφ-508.0×32、内部の部材はφ-267.4×9.3（一部16）とした。

　この屋根においては、球面の一部を切り取った形態でかつ透明性を高めるという目的があり、それを実現するためにグリッド構成、支持方式、部材断面など構造的な検討に基づき屋根のデザインが決められていった。

県立ぐんま昆虫の森　昆虫観察館
設計　安藤忠雄建築研究所
所在地　群馬県桐生市
竣工年月　2004年10月
延床面積　5,084㎡
階数　地下1階地上3階建
構造種別　RC, S, SRC

写 1-3 建物外観

写 1-4 鉄骨架構

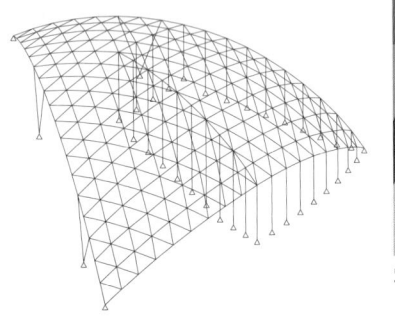

図 1-7 屋根鉄骨の支持方法

写 1-5 グリッド検討用の構造模型

写 1-6 鉄骨部材

遊水館

　この建物は「室内プール」という大空間の中に,「横断ギャラリー」というブリッジを組み込んだユニークなものである。ブリッジはプールの直上 3m に位置し, 薄い床が大きな空間の中にあたかも浮いているように貫いていることが建築の狙いである。床は厚さ 30cm のボイドスラブでつくり, サッシ兼用の吊材によって吊られ, さらに上部の鉄骨キールトラスによって 37m スパンを架け渡されている。キールトラスの部分は設備スペースとして使用されているが, 建築としては目立たないように工夫されている。建物全体は上部に開いた円筒形の RC 壁式構造であり, キール鉄骨と RC 造の取り合い部分は SRC 造となる。屋根面は建築的な意味合いから下に凸の球面の形態とされ, 構造的にはキールトラスがあるので二つに分割された半月状の平面を覆う構造となり, 屋根面, 天井面とも膜材で覆われることから, 一方向の鉄骨トラス造を採用している。

　このように, 円筒形状の囲われた空間に薄いブリッジをつくるというコンセプトから, 鉄骨キールトラス, 円筒形の RC 造, SRC 造フレームなど各部の構造形式を合理性をもって必然的に導いた (図 1-8)。し

かし，この建物においては，完成した建築ではその構造システムを感じることはできない。これは建築家の計画の狙いであり，建物完成後，数年経ってからの対談で，「重力がまるでないかのように空間があるということをどうやって成立させるか。……現実には重力に対して成立しているけれども，見た目にはそう見えないようにするという方法ですね。……このトリックの中にもいろんな方法があり得て，遊水館の場合には，タネを明かさないということを選択しました」[4]と述べている。このように構造が表現されない建築であっても，合理性をもって適切な架構，材料の選択を行うことが重要である。

以上の3つの建築のプロセスを考えてみると，それぞれに構造計画の与条件，向かうべき方向が異なることがわかる。京都駅ビル〈アトリウム〉は「構造表現建築」とも呼べるもので，デザイン的な意図で構造の大枠が決まっており，それを表現することが前提条件であり，その条件内で構造の合理性を追求するものであった。県立ぐんま昆虫の森 昆虫観察館は「構造合理建築」とも呼べるものであり，空間の構成や全体の形態などの建築デザインの意図は明確に決まっているが，

4) 建築のルールと構造のルール
：金箱温春×青木淳，建築文化，2002.4

遊水館
設計　青木淳建築計画事務所
所在地　新潟県新潟市
竣工年月　1997年1月
延床面積　2,248㎡
階数　地上2階建
構造種別　S, SRC, RC

写1-7 建物外観

写1-8 プールを横断する床

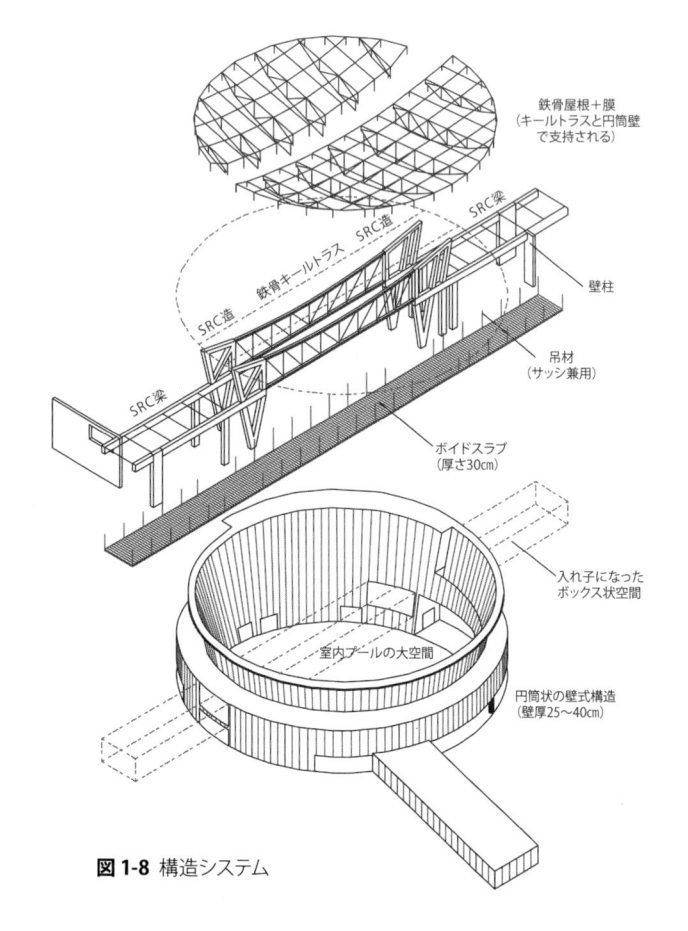

図1-8 構造システム

019

細部は構造的なアプローチから決めている部分が多いものである。そして遊水館は「構造非表現建築」であり，ユニークな建築のイメージを追求し，構造は表現しない。ただし，目的を達するために適切な構造を構築するというものである。どの志向がよいというものではなく，それぞれ向かうべきところが異なるので，構造計画を行うにあたっての姿勢も異なってくる。建築として何が重要か，何を目指すべきかをはっきりと認識することが重要であり，その方向において合理性をもった構造計画を展開する必要があると考える。

1.5　構造計画の構成要素

　事例で述べたように，構造計画ではさまざまなことを考慮しつつ，具体的に構造形式を創造することになる。構造計画をさらに具体的に考えるためには，構造体の形（架構）を決めることと，部材を決めることの二つの要素に分けて考えてみるとわかりやすい（表1-1）。

　架構の検討では，全体形状，部材配置，支持条件の3つの要素に着目する。これらの要素の組合せによって，構造体に生じる力の種類や力の流れをデザインすることが可能となる。構造計画は力のデザインであると言ってもよく，効率のよい構造体をつくるためには力の制御は不可欠であり，その意味で架構の計画は重要である。部材の検討は，材料，部材形状，接合方法（ディテール）の3つの要素に着目する。架構の計画と関連して個々の部材の応力が決まり，それに対応する部材を決めるが，力の種類や大きさや架構の形態，あるいは視覚的な効果などによってふさわしい材料を決め，その特性を生かすことを意識する必要がある。部材形状とディテールとは密接な関係があり，接合方法を考えながら部材形状を決めることもある。当然のことながら，架構の検討と部材の検討は構造計画としては一体に行うべきものである。

表1-1 構造計画の構成要素

架構	全体形状	力のデザイン（制御）
	部材配置	・力の種類−軸力，曲げ
	支持方法	・力の流れ
部材	材料	・材料の特性を生かす
	部材形状	・ディテールのデザイン
	接合方法	

【第2章】

架構形態と力学

2.1 力の流れを制御する

2.1.1 力の流れと種類

　構造計画を行う際には，力の流れと力の種類についての認識をもつことが基本となる。構造物全体において力の釣り合いを考えると，外力と支持点での反力（支持力）は釣り合っている。つまり，構造物に作用している外力の鉛直方向成分の合計は，鉛直方向の反力の合計と等しく，水平方向成分についても同様である。また，外力と反力の回転に対するモーメントの合計はゼロとなる。この原理を理解しておけば，応力解析結果の妥当性のチェックに役立つ（図2-1）。

　構造物を任意の断面で切断した場合には，部分について釣り合いの原理が成り立ち，構造物の切断部に作用している応力の合計と，構造物に作用している外力の合計はどの場所でも釣り合っている。切断位置を変えて釣り合い状態の変化を見ると，切断位置が支持点の近くになるほど支える外力が増えてくるため，構造物の内部に生じている応力も増えてくる。このように，外力が構造物の内部の力に振り変わり，徐々に部材を経て地盤まで伝わっていく様子を「力の流れ」と呼ぶ。

　力の流れには2種類のルールがあり，一つは力が地盤と遠い部位から地盤に近づくように流れることであり（図2-2），もう一つはヒエラルキーをもった部材で構成されているときに，小さい部材からそれを支えているより大きい部材へ流れるということである。小さい部材（支えられている部材）に着目して力の釣り合いを考えると，作用している外力と支えられている反力とが釣り合っていることになり，この部材に対する支持部の反力が大きい部材（支えている部材）に対しては外力の役割となっている（図2-3）。構造物が複雑になっても，このような力の伝達が行われており，力の流れを把握することが構造設計においては重要である。

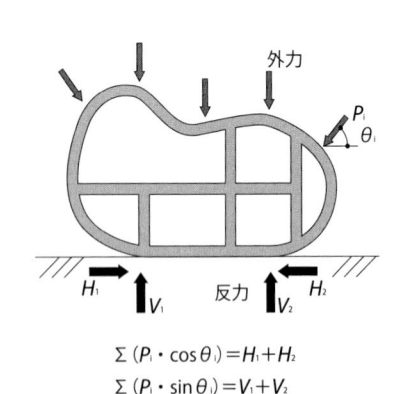

図 2-1 力の釣り合い

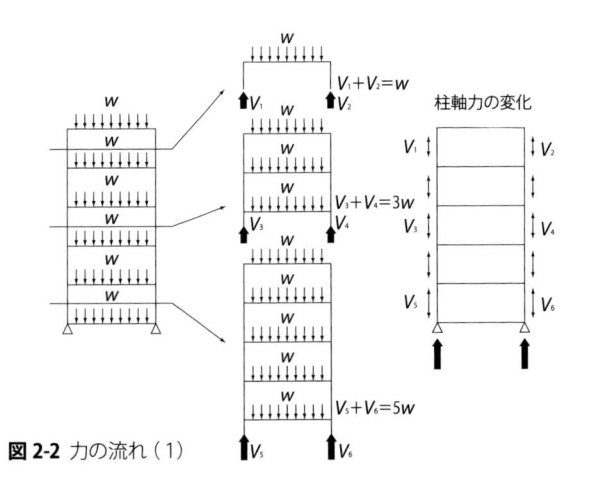

$\Sigma (P_i \cdot \cos\theta_i) = H_1 + H_2$
$\Sigma (P_i \cdot \sin\theta_i) = V_1 + V_2$

図 2-2 力の流れ (1)

建物構造物は，3次元のボリュームをもつさまざまな構造部材の集合でつくられている。それぞれの部材を線部材や面部材として扱い，応力や変形の状態を断面全体としてマクロな量で表現することが扱いやすい。このような表現で用いられる応力の種類には，軸力，曲げモーメント，せん断力，ねじりモーメントがあり，それに対応する変形の表現は，軸変形，曲げ変形，せん断変形，ねじれ変形である。これらの力と変形は弾性限界以下では比例関係にあり，材料の特性と部材の断面形状によって決まる係数によって関係づけられている。

　「軸力」は，「軸応力度」が断面全体に一定に分布する力であり，部材断面としての効率がよい。ただし，引張力と圧縮力とでは力学的な性質が異なる。引張力は材料の強度を十分に利用できるが，圧縮力には座屈という不安定現象があるため，細長いプロポーションの部材を用いる場合には，許容できる力が引張材に比べるとかなり小さくなる。この欠点を補うため，座屈拘束用の部材を組み合わせて圧縮材の強度を高めることや，あらかじめ部材に引張力を導入し，外力としての圧縮力が作用しても，部材には圧縮力が作用しないような工夫をすることがある。面材の場合では，軸力は断面の厚み方向に一定の応力度であるが，2次元的な力の分布となるため方向によって応力度の大きさは異なり，最も大きな軸応力度となる方向（最大主応力方向）が存在する。

　「曲げモーメント」は部材に曲率をもつような変形を生じさせたときに生じる力であり，平面保持の仮定を前提とすると，これに対応する

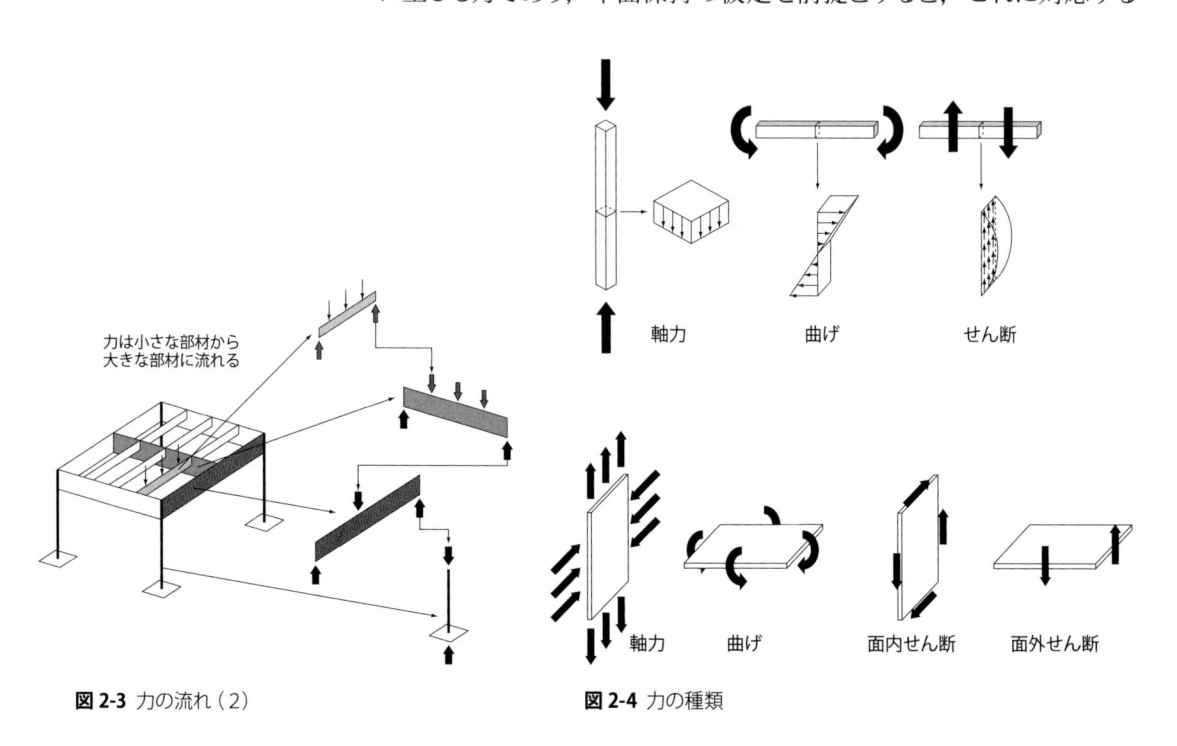

図 2-3 力の流れ（2）　　　　　**図 2-4** 力の種類

軸応力度は直線的に変化し，断面の縁が最大となり内部では徐々に小さくなるような分布となる。部材の縁で材料の強度の限界に達している場合でも内部の応力度は小さく，言い換えると，内部は有効に使われていないことになる。この状況は軸部材だけではなく，面部材が面外の曲げモーメントを受けたときも同様である。

軸部材において部材を材軸に直交方向にずらすような力を「せん断力」といい，曲げモーメントの変化量に対応する力であり，これに対応する応力度が「せん断応力度」である。面材の場合は，曲げ応力と対応して面外のせん断力が存在するが，これとは直交する方向の力として面内せん断力がある。面内せん断力は面内の軸力成分と釣り合う力であり，最大主応力方向ではゼロとなる性質をもつ。面内せん断力は断面の厚さ方向に一様に作用する応力度であるため軸力のように断面としての効率はよく，折板構造やHPシェルなどの構造では支配的な応力となる。

2.1.2　構造計画における荷重の認識

建築物にはさまざまな荷重が作用するが，構造計画を行う場合にはすべての荷重を詳細に考慮する必要はなく，検討しようとしている構造にとって支配的となる荷重を見きわめ，それに対する力の流れを考えることがわかりやすい。一般的には，大スパン建築であれば鉛直荷重が支配的であり，高層建築であれば水平荷重が支配的である。また，鉛直荷重・水平荷重に対する力の流れを別々に意識して，構造計画を考える手法が有効である。鉛直荷重に対しても水平荷重に対しても力の流れをなるべく明快にすることやスムーズにすることの配慮は同じであるが，二つの荷重に対する架構計画での着眼点が異なる点もある。鉛直荷重に対しては建物の各部でそこに存在する部材で力を負担しつつ，次のヒエラルキーの部材に力を受け渡していくことになる。一方，水平荷重に対しては，床が一体であれば建物全体で荷重に抵抗するメカニズムを考えることができる。

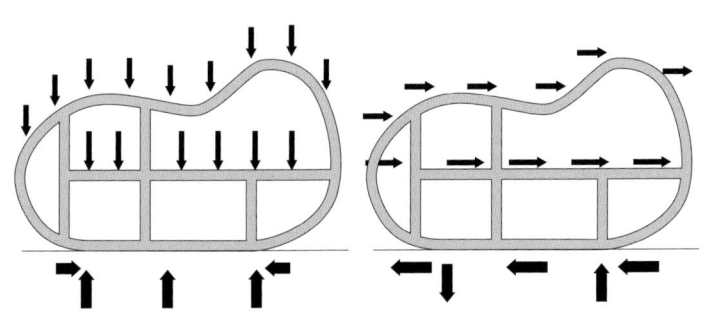

図 2-5 鉛直荷重と水平荷重

2.1.3 構造物の形態による力の制御

　部材が力を伝える際には，軸力や面内せん断力の方が曲げモーメントより効率よく断面を利用できるということとなるので，与えられた条件の中で軸力が支配的な（曲げ成分の少ない）形態をつくることが効率のよい構造をつくることになる。以下に，鉛直荷重を受ける構造物を対象として力の流れと架構形態の関係を把握し，具体の構造への適用を前提として「構造物の形態」を考えてみる。

　引張力にしか抵抗できない糸やチェーンをぶら下げると，懸垂線の形態ができる。自重が作用した構造体に引張力だけが生じている状態であり，これを上下逆さにすると，圧縮力だけが作用しているアーチの形態ができあがる。このような構造を「形態抵抗構造」と呼び，軸力だけで力を伝えることができる理想形である（図2-6）。ただし，実際の構造物には円弧アーチ，放物線アーチなどが用いられることも多く，わずかであるが曲げモーメントが生じる（図2-7）。また，この構造の場合には支持部で大きな水平力（スラスト）が発生し，これに抵抗できる支持構造が必要となる。

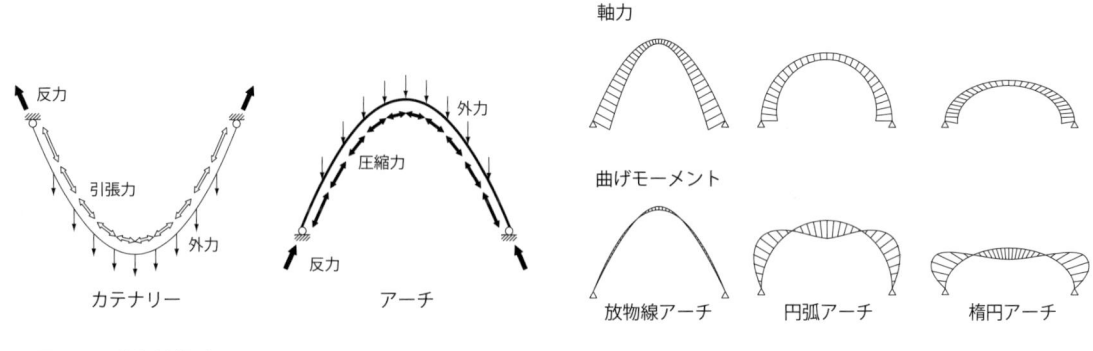

図 2-6 形態抵抗構造

図 2-7 形態による応力状態の違い

　支配的な応力状態は構造全体の形態とその支持方法により決まり，鉛直荷重を対象とした場合には，曲線材あるいは曲面材で構成したもの（アーチ，ボールト，ドームなど）は軸力が支配的となって曲げモーメントは減少し，一方，直線材あるいは平面材で構成したものは曲げモーメントが支配的となる。これらは典型的な例であり，形態と力の関係はわかりやすいが，これ以外にも山形ラーメンや折板構造，さらに自由な形態の構造まで含めて考えると構造体の形態は無数にある。共通する考え方は，曲率を付けたり，直線部材や平面部材を途中で折り曲げたりすることで，曲げモーメント，軸力，面内せん断力などの応力の相対的な大きさが決まるということである。構造形態の可能性を探るために，力の流れ方と曲率の付け方により構造物を，以下の5種類に分類して考えてみる。

①力の伝達方向が一方向で，その方向に曲率を設けるか，折れ曲がりを設ける形態

　直線部材で構成した柱・梁構造は「ラーメン構造」と呼ばれ，曲げモーメントが支配的である。ラーメン構造の梁材を中央で折り曲げて傾斜させると山形ラーメンと呼ばれるものになり，梁に軸力が生じて曲げモーメントが減少する。さらに部材を分割し，多角形のラーメン構造とすると曲げモーメントが減り，次第にアーチの性状に近づいていく（図2-8）。アーチを平行に連続させた「ボールト」の構造も，力学的にはアーチと同様である。アーチは圧縮力が主たる力となるが，これを反転したものが一方向に力を伝える「テンション構造」となり，部材の応力は引張力が主となり軽量の構造体が実現できる。テンション構造は部材寸法をかぎりなく小さくできるが，風荷重などの変動荷重に対しては一方向のテンション部材のみでは形状の変化が大きく安定性に欠けるため，直交方向に逆向きのテンション材を用いることや，一方向のテンション材のみの場合には曲げ剛性を付加することなどの配慮が必要である（図2-9）。

　軸力が支配的となる形態では，支持点でその軸力に見合う反力が保証される必要があり，支持点の剛性も応力状態に影響してくる。支点の拘束状態が弱い場合には軸力の割合が減少し，曲げモーメントの割合が増え形態抵抗の効果が減ることになる。タイドアーチやサスペンションアーチはスラストを別の部材で負担するメカニズムをつくり，軸力支配型の構造を保ちつつ支持点や下部構造の負担を減らす工夫が採られたものである（図2-10）。

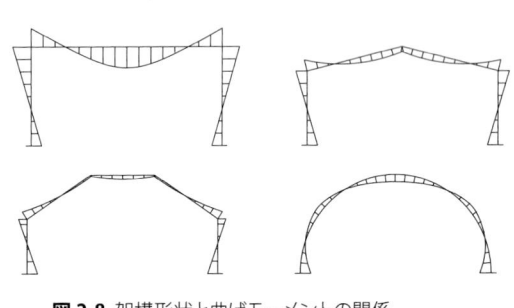

図2-8 架構形状と曲げモーメントの関係

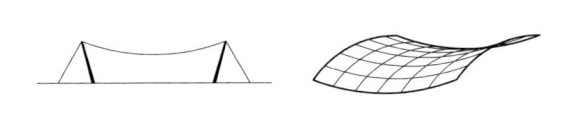

図2-9 テンション構造の形態

軸力

曲げモーメント

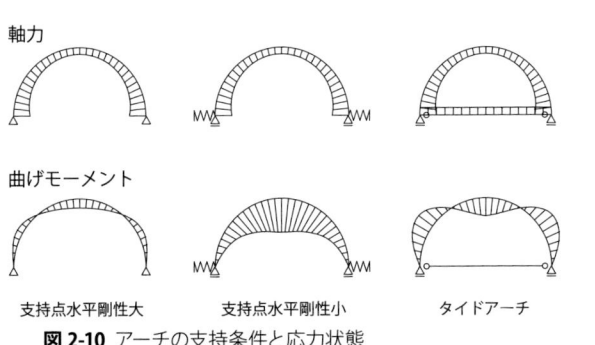

支持点水平剛性大　　支持点水平剛性小　　タイドアーチ

図2-10 アーチの支持条件と応力状態

国際芸術センター青森〈四季のアーケード〉

前面道路から建物への導入路に，スパン9m，長さ80mの大きさの三連の木造のアーケードを計画した。2.5mの積雪荷重に対する設計を行っており，冬季には木造架構が雪で覆われる。9×9cmの主材をアーチ状に配し，その上下を3×9cmの材を斜交させ全体として三角形格子をつくったもので，アーチ構造の特性を発揮したスレンダーな構造である。アーチ支持部に生じるスラストは，地中に基礎梁を配置して抵抗させている。アーチの応力・形態の確認のため，偏分布鉛直荷重による載荷試験を行った（写2-3）。

国際芸術センター青森
〈四季のアーケード〉
設計　安藤忠雄建築研究所
所在地　青森県青森市
竣工年月　2001年10月
構造種別　W

写2-1 アーケード内観
写2-2 アーケードの木造部材 
写2-3 偏分布荷重による載荷試験 

駒場の住宅

RC造2階建の住宅であり，2階のリビングは片持ち柱の上にスパン6mのボールト屋根が架けられ，一方向に解放された空間がつくられている。柱を挟むように2本のアーチ梁を設け，隣接する柱脇に設けられた梁との間にボールト状のスラブを架け渡し，アーチ梁と一体となったボールトの屋根をつくっている。柱を挟んだ梁の間は，スラブがなくスリット状のトップライトを設けた。建物両側は梁から跳ね出したボールト状のスラブで構成し，スレンダーなエッジを見せている。屋根を支える片持ち柱はボールトのスラストにより面外方向に力を受けるため，ボールトの効果を発揮させるには強固な断面とする必要がある。しかしこの計画では，柱は極力スレンダーなものとしたいため，柱の頂部を引張材でつなぎ，支持点としての水平剛性を確保した。

駒場の住宅
設計　熊倉洋介建築設計事務所
所在地　東京都目黒区
竣工年月　2007年10月
延床面積　147m²
階数　地上2階建
構造種別　RC

写 2-4 建物外観 　　　　　　　　　写 2-5 ボールトスラブとテンション材

青函トンネル記念館

　トンネルを形象化した 2 本の円筒形と斜め柱に支えられたフラットな屋根から構成されている。円筒形の構造は短辺方向に 2.375m ピッチで H 形鋼を用いたアーチ状のフレームを連続して配置し，このフレームによって屋根面を支持している。長手方向は曲げ加工した 3.2mm 厚の鋼板を H 型鋼フレームに貼り付けることで鋼板耐震を構成した。アーチの効果を生かした小断面の H 型鋼と薄板鋼板により，単純な構成で十分な剛性をもつ構造をつくった。施工時は，2 本の H 形鋼の間に鋼板を取り付けたユニットを工場でつくって先行して建方を行い，次に中間の鋼板を現場で溶接して取り付けている。屋根面は格子状に 200mm の H 形鋼の梁を配置し，これらの交点を立体的な斜め柱によって支持して，1 枚の板が浮遊しているような表現としている。

青函トンネル記念館
設計　アトリエブンク
所在地　北海道松前郡
竣工年月　2005 年 3 月
延床面積　970m²
階数　地上 1 階建
構造種別　S

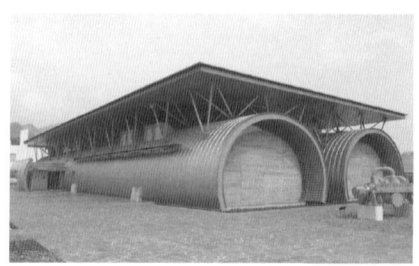

写 2-6 建物外観 　　　　　　　　　写 2-7 鉄骨建方時内観

Gravitecture Izumo

　2 階建の診療所であり，屋根に 12mm の鉄板を使用した吊構造を用いたもので，形態の生成と施工方法を関連させたことも特徴である。下部構造は RC 造の壁を一方的に 4 〜 8m ピッチで並べ，それによって鉄板屋根を支えている。屋根の施工方法は，鉄板を支保工で支えた状態で溶接して一体化し，支保工を降下させて自重による変形を与え，所定のたわみ位置で下部構造と一体化した。連続梁であるため，中間の支持点で局部的に鉄板を支えると曲げモーメントが過大となり，薄板の鉄板では対応不可能となる。これを防ぐため，支持点では滑らかな曲率をもって鉄板を湾曲させる必要があり，鉄板に生じる曲げモーメントが許容される強度以下になるように中間支持点での曲率を調整することを考えた。下部の RC 壁の上部に所定の曲率を持たせたプレー

Gravitecture Izumo
設計　遠藤秀平建築研究所
所在地　島根県出雲市
竣工年月　2008 年 6 月
延床面積　884m²
階数　地上 2 階建
構造種別　RC, S

トを取り付けておき，鉄板を変形させた後に鉄板に設けた穴の部分で下部の受け台となる鉄板と溶接して一体化した（図2-11）。風の吹上荷重に対しては，鉄板の自重で抵抗させている。

図2-11 鉄板の支持方法

写2-8 建物鳥瞰

写2-9 鉄板屋根

②力の伝達方向が一方向で，その方向と直交方向に曲率や折れ曲がりを設ける形態

この形態には，曲面状の形態をした「ロングシェル」や，平面を折り曲げた形態の「折板構造（ショートシェル）」と呼ばれる構造形式などがある。荷重伝達方向に曲率をもっていないので，マクロに見ると単純梁，片持ち梁，ラーメンなどと同じで，曲げが主体の応力状態であるが，曲げ材としての部材せいが大きく薄肉部材で構成され，面内方向の軸力成分（軸力およびせん断力）が主体の応力となっているものである（図2-12）。

構造体の形状が同じでも支持方法が異なることで，①，②のいずれかのシステムとなることがある。例えば，図2-13に示すような同じ形態のボールト状の屋根であっても，母線の部分で支えた場合には①のようにアーチの並列のような応力となるが，円筒の妻面を支えた場合には②のように円弧断面の梁としての力の流れとなる。前者をショートシェル，後者をロングシェルと呼ぶ。

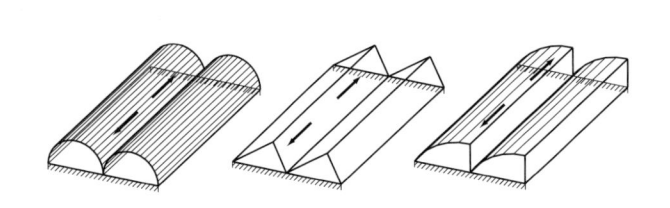

図2-12 力の伝達方向と直交に折り曲げた構造

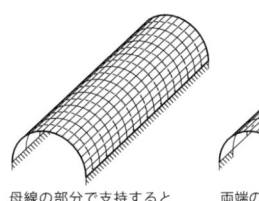

母線の部分で支持するとアーチ状の応力となる〈ショートシェル〉

両端の円弧部分で支持すると円弧断面の梁としての応力となる〈ロングシェル〉

図2-13 支持条件による応力状態の違い

写2-10 キンベル美術館内観

ロングシェルは造形的にも魅力的なものであり，国内外で多く用いられている。キンベル美術館（設計：ルイス・カーン）は代表的なものであり，両端部で支持されたスパン35mの屋根を有し，その頂部にトップライトが設けられている。

K本店びん詰め工場

スパン 8.85m の折板屋根をもつ倉庫である。下部構造は RC 壁式構造であり，屋根も壁も板の構造としたことですっきりとした内部空間を形成している。屋根のスパン中央には，ハイサイドライト用の開口が設けられている。スラブ厚さは 15cm で，短手方向に架け渡された V 形断面の梁の性状を示し，梁としての曲げモーメントは板の面内軸力に振り変わり，折板の山に圧縮力が，谷には引張力が生じる。下部構造が壁であるため折板屋根はほとんど単純梁の性状となり，部材に生じる応力は単純梁とみなした際の応力と，V 形断面梁の断面係数による略算で求めることができる（第 8 章参照）。

K本店びん詰め工場
設計　武田光史建築デザイン事務所
所在地　宮崎県児湯郡
竣工年月　2008 年 8 月
延床面積　373㎡
階数　地上 1 階建
構造種別　RC

写 2-11 建物外観 　　**写 2-12** 建物内観

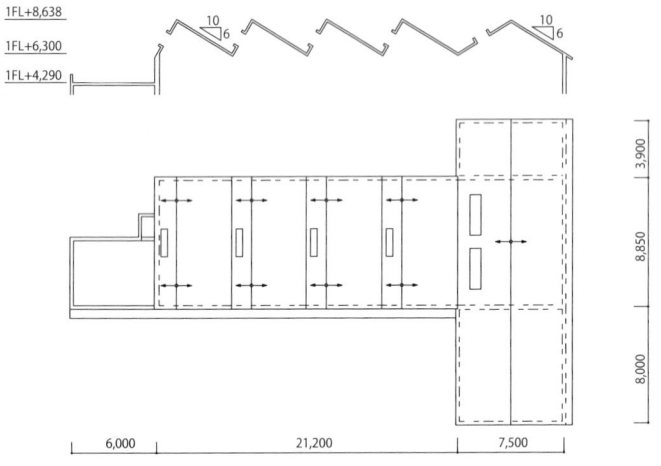

図 2-14 屋根伏図・断面図

宇土市立網津小学校

2 階建の小学校で，ボールトを組み合わせた屋根形態を持ち，ボールトどうしの隙間をハイサイドライトとして利用している（写 2-13）。建物短手方向は，教室間の界壁を利用して耐震壁を配置しているが，建物長手方向は耐震壁のない構造であり，ボールト屋根のスラストや地震力への対応を考えると，長手方向に剛性の大きい構造が必要に

なる。当初は屋根に逆梁を設けアーチ状のラーメン架構を考えていたが，検討を重ねた結果，4m スパンの部分を陸屋根として屋根梁を付けてラーメン構造とし，ボールトに挟まれた柱は片持ち柱としてボールト部分をスラブのみとした（図2-16）。

　一つのボールトは 8×12m のグリッドであり，四隅を支えられたロングシェルとしての性状となる。ただし，一部では教室の境界部に壁を設けており，ボールトの長辺が連続的に支えられることになり，この部分ではショートシェルとしてアーチと同様の応力状態となる（写2-14，15）。スラブは端部で曲げメーメントが生じるが中央部では曲げモーメントはほとんどゼロで圧縮力のみとなるため，厚みは端部で200mm，中央で90mm とした。

宇土市立網津小学校
設計　アトリエ・アンド・アイ
所在地　熊本県宇土市
竣工年月　2011年3月
延床面積　2,900㎡
階数　地上2階建
構造種別　RC

写 2-13 建物外観

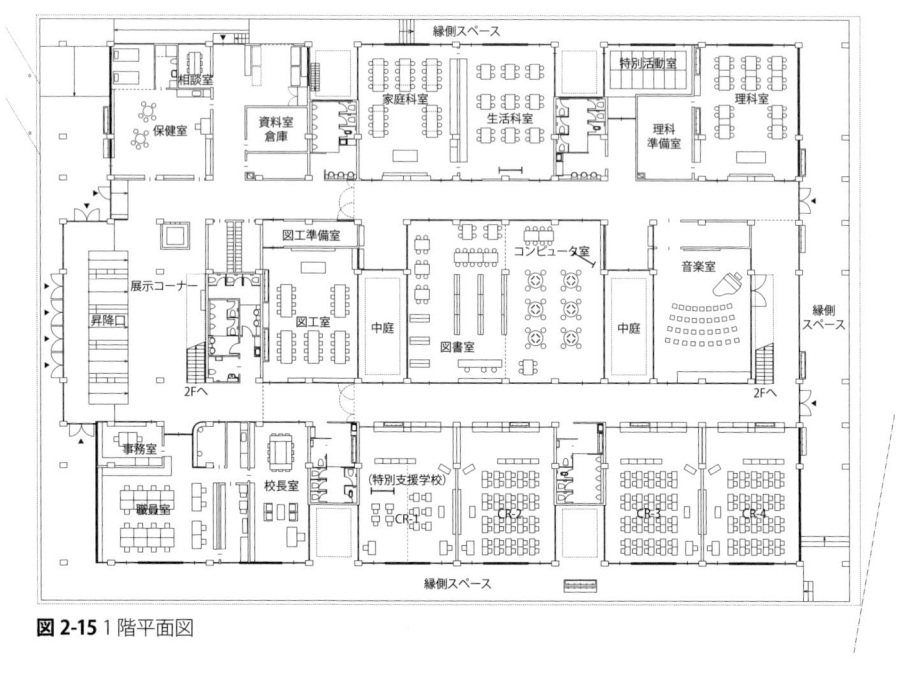

図 2-15 1階平面図

図 2-16 ボールト部分の軸組図
当初案
実施案

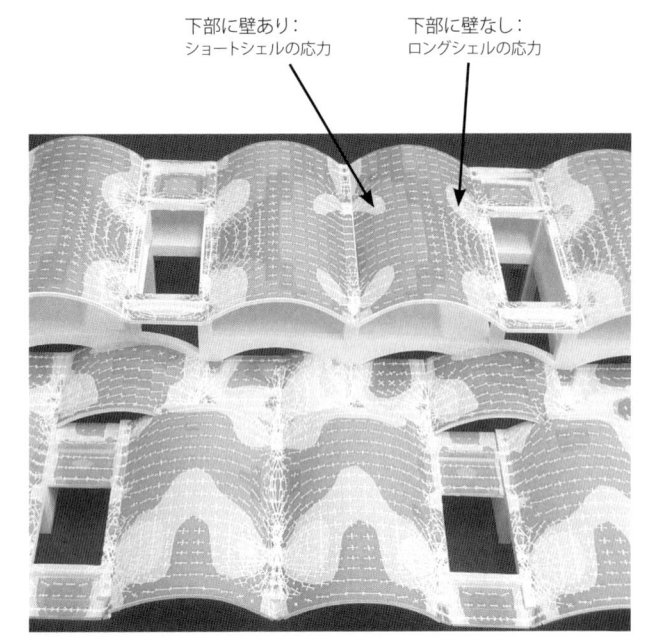

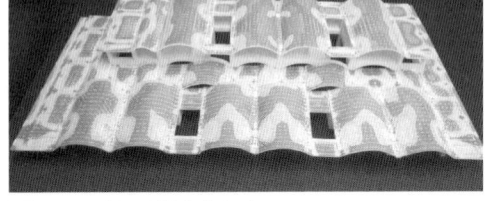

写 2-14 屋根面形状と応力図

写 2-15 ショートシェルとロングシェルの応力
（応力図中の直線は軸力の主応力方向と大きさを示す）

下部に壁あり：ショートシェルの応力
下部に壁なし：ロングシェルの応力

③力の伝達方向は一方向で，
二方向に曲率や折れ曲がりを設ける形態

　このシステムは，②のシステムを発展させたもので，ロングシェルの長手方向に曲率を持たせる，あるいは折板構造で山形状の形態をつくるなど，①と②の操作を両方取り入れた形態である。力学的には②よりも効率が大きくなることが特徴である。横浜港大さん橋国際客船ターミナル（設計：FOA，構造設計：SDG）はこの構造の代表例であり，幅40m，長さ450mの建物の長手方向に2本のボックスガーダーが架け渡され，そこにスパン約40mの鉄骨造の折板屋根が架け渡されている。

写 2-16 横浜港大さん橋国際客船ターミナル

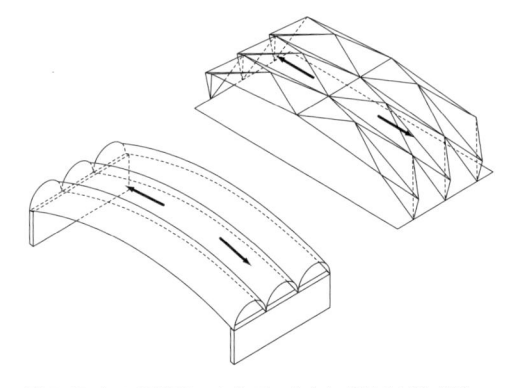

図 2-17 力の伝達は一方向で二方向に折り曲げた構造

第2章　架構形態と力学

京都駅ビル〈フラクタルドーム〉

京都駅ビル
設計　原広司+アトリエ・ファイ建築研究所
構造設計　木村俊彦構造設計事務所（協力：金箱構造設計事務所）
所在地　京都府京都市
竣工年月　1997年7月
延床面積　237,689㎡
階数　地下3階地上16階建
構造種別　S, SRC

駅ビル併設の宴会場のロビー空間を覆う屋根として，不定形な三角形を組み合わせたガラス屋根をつくった。三角形を組み合わせ，短手方向，長手方向とも隣り合う面が折れ曲がり，折れ線部に鉄骨部材を配することで，力学的には一方向に力が伝達される折板構造の一種となっている。隣り合う面の角度がそれぞれ異なるため部材形状やディテールは工夫を要し，熱押形鋼を用いた溝形形状の部材を用いて三角形の面をつくり，面の角度が自由となるようなディテールとして接合部の単純化を図った（ディテールについては第5章を参照）。

写2-17 ランダムトラス外観

写2-18 宴会場ロビー内観

④二方向に曲率や折れ曲がりを設け，多方向に力を伝える形態
（直交方向で同じ向きの曲率）

立体的に曲率を付けることでは③と類似しているが，力の流れも立体的になるシステムである。平面板は曲げ応力が支配的な形態であるが，折り曲げたり曲率を付けたりすることにより方形（ピラミッド），多面体のドーム，球形ドームなど軸力が支配的な形態となる。「ドーム」はアーチを回転させてできた形態であるが，地球儀の緯線に相当する部分により全体が一体化されるため，単体のアーチの場合よりさらに軸力が支配的な構造となる。

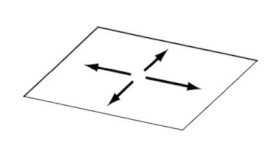

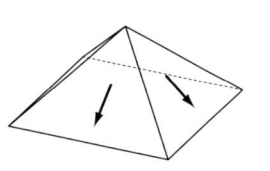

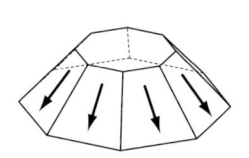

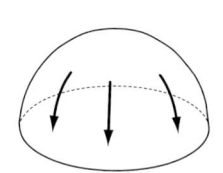

図2-18 二方向に折り曲げ多方向に力を伝える構造

宮前スポーツセンター

　複合体育施設の中心施設として 31.5 × 45m のメインアリーナを計画し，その屋根架構に周囲を台形状に持ち上げた構造形式を用いた。周囲は高さ 3.7m を有する傾斜面をトラスとして構成し，弦材・ラチス材に 300 φ の鋼管を用いた。中央部の平板部分は弦材に H 型鋼，ラチス材に鋼管を使用した立体トラスによって構成した。屋根の周囲を斜めに持ち上げていることにより，中央部のトラスの実質的なスパンを小さくし，効率的な構造をつくっている。斜めの架構としていることでスラストが生じるが，隅角部でのスラストを 2 方向の外周部の梁によって抵抗させている。立体トラス周辺部の立ち上がり部分をハイサイドライトとして利用し，構造とデザインを融合させている。周辺の大きい部材によるシングルレイヤーの構造と，中央部の小さい部材によるダブルレイヤーの構造を対比的に用いたものである。

宮前スポーツセンター
設計　仙田満＋環境デザイン研究所
所在地　神奈川県川崎市
竣工年月　2005 年 11 月
延床面積　5,290㎡
階数　地上 2 階建
構造種別　RC

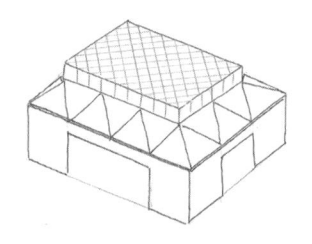

図 2-19　屋根架構のスケッチ
写 2-19　建物全景 
写 2-20　メインアリーナ屋根架構 

多治見市立滝呂小学校〈体育館〉

　楕円形平面を有する体育館の屋根に，鉄骨造シングルレイヤーラチス構造を用いた。屋根の形態は楕円球の一部であり，スパン 32m（短径），44m（長径）でライズは 5m である。屋根面周囲にテンションリングを設けることで軸力支配型の構造を上部構造で完結させている。この架構では必要とされる部材の剛性・強度は曲面の面内・面外方向で大きく異なることから，それに適した部材として H 形鋼を用いている。県立ぐんま昆虫の森　昆虫観察館と類似の構造であるが，効率のよい部材を選択した。接合部は剛接合となり各方向から集まる H 型鋼のフランジを一体に溶接しているが，フランジ面がずれることが避けられないため，接合部を厚板でつくり，ずれを吸収させた。

多治見市立滝呂小学校
設計　仙田満＋環境デザイン研究所
所在地　岐阜県多治見市
竣工年月　2006 年 3 月
延床面積　9,654㎡
階数　地上 2 階建
構造種別　RC, S, W

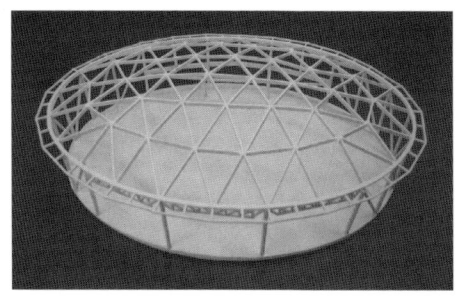

写 2-21 構造模型

写 2-22 鉄骨屋根

⑤二方向に曲率や折れ曲がりを設け，多方向に力を伝える形態
（直交方向で反対向きの曲率）

④と同様であるが，一方向を凸形状，直交方向を凹形状となり曲率が直交方向で反転するものである。①〜④の形態は鉛直荷重に対して圧縮力が発生する構造であるが，この方式では一方向が圧縮力で，他方向は引張力が発生する構造となる。放物線を基本として上記の操作を行うと「HP 面」となる（図 2-20）。この形状はテンション構造にもよく用いられ，それぞれ逆の曲率を持つテンション部材に初期張力を与えることで，構造全体が安定する効果を生み出す。HP シェルを数多くつくった構造家としてはフェリックス・キャンデラが有名であり，代表作の一つであるサン・ビンセンテ・デ・パウロ礼拝堂は 3 枚の HP 面と，その間のトップライトによって構成された建物である。

写 2-23 サン・ビンセンテ・デ・パウロ礼拝堂

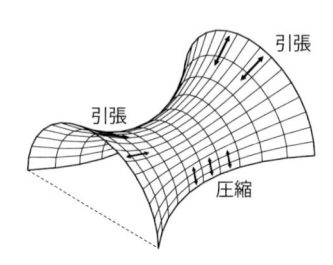

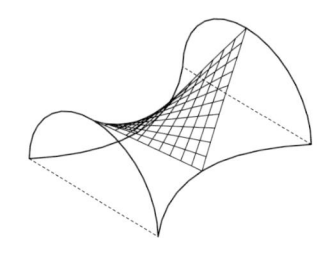

図 2-20 HP シェル

House SA

傾斜地に建つ 2 階建の木造住宅であり，壁，床，屋根に枠組材を用いている。階段状に連続する床レベルとそれに対応した不整形の屋根面が特徴である。短手方向が 7 〜 10m，長手方向が 11m の L 字型平面を無柱空間とし，平面と HP 面の組み合わせで屋根を構成したものである。部分的に HP シェルとしての性状を示すが，全体的には折板構造に近い性状であり，板の面内軸力が支配的となり，特に板の折れ曲がる部分では応力が大きい（図 2-22）。面内のせん断剛性・強度は構造用合板により抵抗するが，構造用合板の接合部は釘によっ

House SA
設計　東京工業大学坂本一成研究室
所在地　神奈川県川崎市
竣工年月　1999 年 3 月
延床面積　127㎡
階数　地上 2 階建
構造種別　W, S

て剛性・強度が決まるため，接合部の強度と剛性を確実なものとするため，アラミド繊維を貼りつけて一体性を確保した。また，面外の曲げモーメントが大きいため枠組みをリブ状に配して，剛性・強度を確保している。

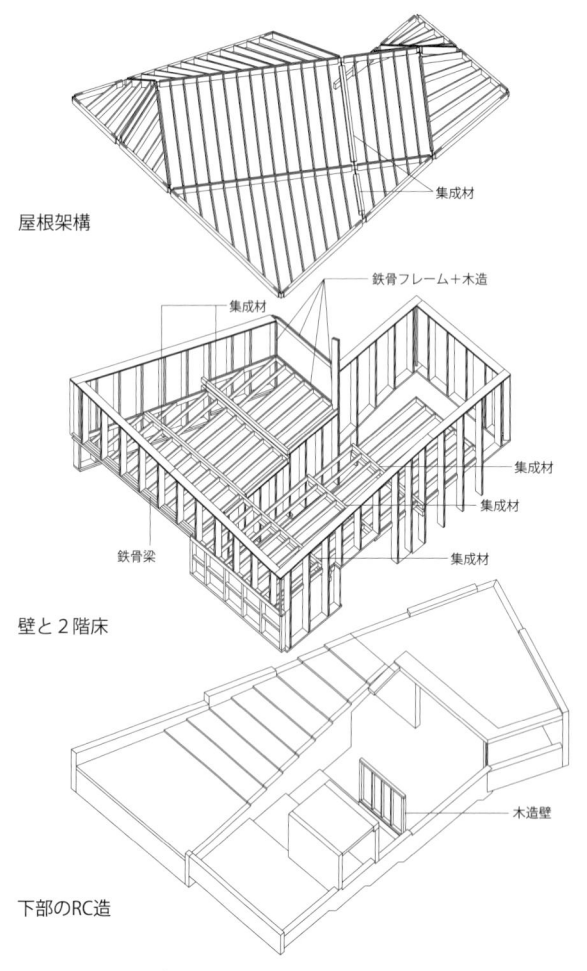

屋根架構

集成材

鉄骨フレーム＋木造
集成材
集成材
集成材
鉄骨梁
集成材

壁と2階床

木造壁

下部のRC造

図 2-21 構造システム

写 2-24 建物内観

写 2-25 屋根面木造架構

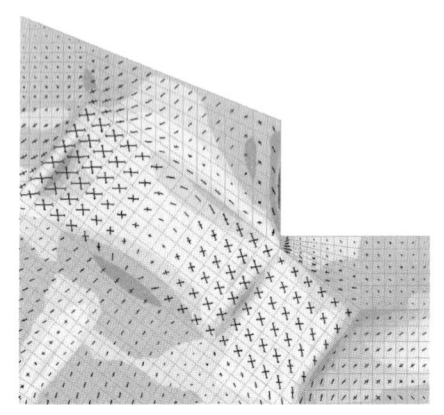

図 2-22 屋根面応力図
（図中の直線は軸力の主応力方向と大きさを示す）

　以上，構造物の基本的な形態と応力状態の関係を示した。
　これ以外にもさまざまな形態の構造物があり，折れ曲りの形態や支持条件に応じて，圧縮，引張り，曲げ，面内せん断などの力が生じる。建築的な形態と力学的な効率は大きな関係があり，建築デザインの対応が可能な範囲で，合理的な形態を追求すべきである。

2．1．4　部材構成による力の制御

前項で紹介した形態抵抗型の構造を実現すること，すなわち軸力を支配的な応力とするためには，構造体の形状はある程度限定されることになるが，実際の建物ではその制約の中だけでつくるわけにはいかない。構造体の形状が形態抵抗型となっていない場合でも，部材構成の工夫により部材の支配的な応力を軸力とし，曲げモーメントを減らすことができる。曲げモーメントを軸力に変換する基本的な考え方は，部材を離散化・複層化させて組立材をつくることである（図2-23）。マクロに見た曲げ成分は，上下の部材の軸力に変換される。せん断成分は部材の構成によって置換される応力が異なり，トラスや張弦梁のように部材を三角形で構成すると，せん断成分は軸力に変換され部材効率は大きくなる。フィーレンディールのように四角形で構成すると，せん断成分は部材の曲げモーメントとせん断力に変換される。また，形態抵抗に近い形態の構造の場合でも，部分的に生じる曲げ応力への対応や座屈耐力を高める目的で部材を複層化することが有効である。

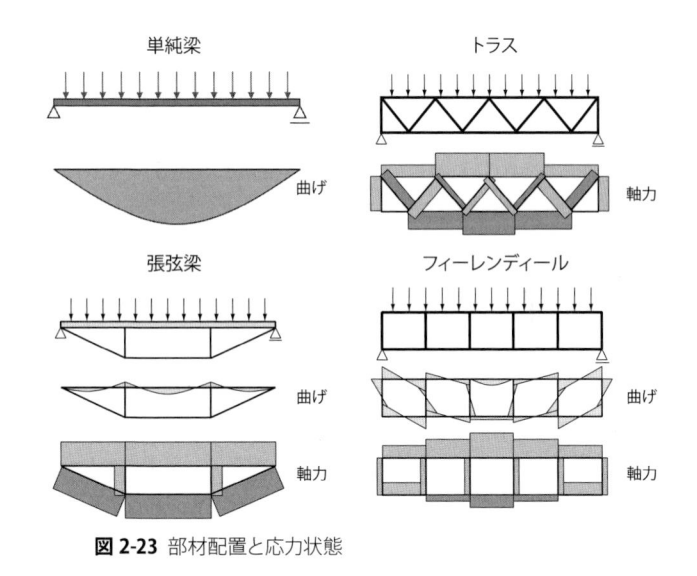

図 2-23 部材配置と応力状態

（1）トラス

構造体を上下に分け，その間を斜め材で接合したものが「トラス」であり，ほとんど軸力だけの応力状態となる。弦材（上下の部材）が曲げを，ラチス材がせん断力を伝える部材となる。トラスはさまざまな種類があり，基本的な形態として平行弦トラスとせり持ちトラスがある。これらは応力伝達機構が異なり，さらにラチス材の配置によっても軸力の圧縮，引張りの状況が異なる（図2-24）。並行弦トラスの応力は単純梁の応力をもとに，曲げモーメントとせん断力をそれぞれ弦材とラチス材の軸力に変換できる（図2-25）。

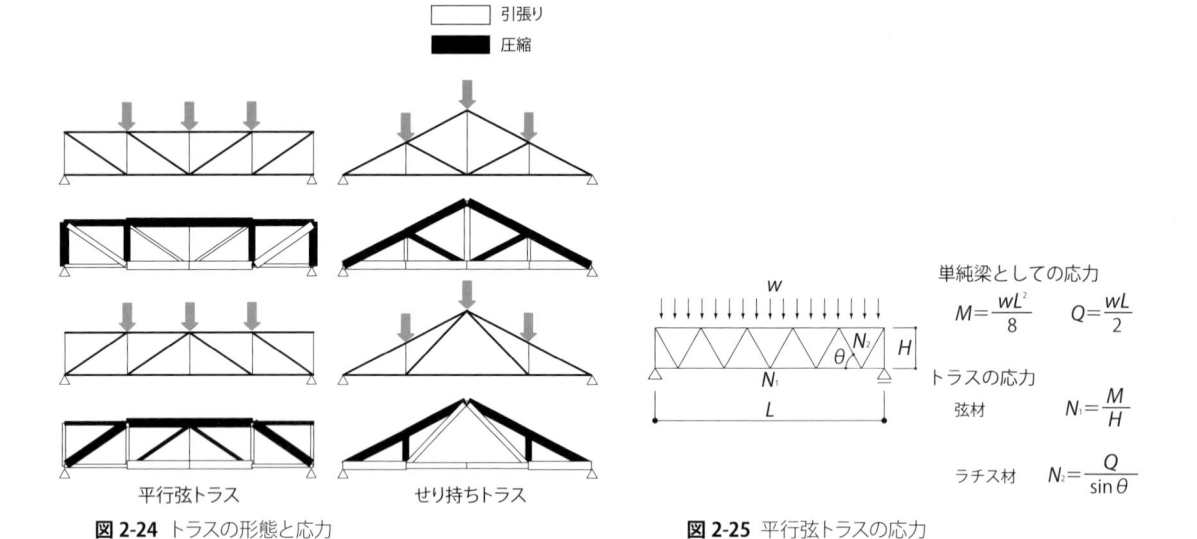

図 2-24 トラスの形態と応力

図 2-25 平行弦トラスの応力

単純梁としての応力
$$M=\frac{wL^2}{8} \qquad Q=\frac{wL}{2}$$

トラスの応力

弦材 $\quad N_1=\dfrac{M}{H}$

ラチス材 $\quad N_2=\dfrac{Q}{\sin\theta}$

沖縄県総合福祉センター〈ブリッジ〉

　30m離れた建物間に，トラス構造による4種類のブリッジを計画した。写2-26のコの字形断面のブリッジでは，手摺をトラスとして利用しており，上弦材は圧縮力が生じたため座屈に対する抵抗が必要となる。ラチス材を下弦材に固定された片持ち部材として機能させ，その曲げ剛性によって座屈補剛を行っている。写2-27は三角形断面のブリッジで，上弦材はディテールを考慮して200φの鋼管を，下弦材はH-200×200を使用している。

沖縄県総合福祉センター
設計　チーム・ドリーム
所在地　沖縄県那覇市
竣工年月　2003年1月
延床面積　13,165㎡
階数　地下1階地上5階建
構造種別　SRC, RC, S

写2-26 コの字形断面ブリッジ

写2-27 三角形断面ブリッジ

ハウス・サイコ

　切妻屋根を持つ2階建の別荘であり，1階がスパン8.2mの大きな部屋，2階が二つに分割された部屋となっている。壁，屋根，床のすべてを枠組み材（38mm×89〜184mm）で構成したことが特徴である。せり持ちトラスの原理を用い，2階床と屋根で構成される三角形を利用して2階床の中央部を屋根から吊下げ，180mmの梁せいで8mスパンを実現している。

ハウス・サイコ
設計　アトリエ・ワン
所在地　山梨県南都留郡
竣工年月　2001年1月
延床面積　158㎡
階数　地上2階建
構造種別　W

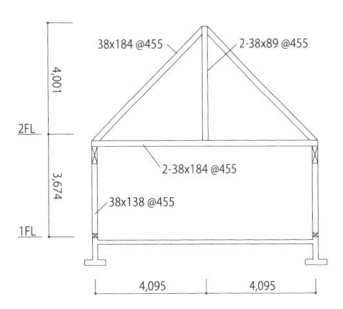

図 2-26 軸組図

写 2-28 1階内観

写 2-29 木造建方

（2）フィーレンディール

フィーレンディールは，トラスの斜め材を省き，水平材と縦材を剛接合したものである。単一材の梁に比べて曲げモーメントの割合を減らすことができるが，トラスより効率は悪い。ラーメン構造の一種であり，縦材のせん断力の効果で上下の部材に軸力を生じさせ曲げモーメントを減らす構造である。したがって，縦材の剛性が小さいとそこで負担するせん断力が小さくなるため，上弦材，下弦材の曲げモーメントが小さくできずに，フィーレンディールの効果が落ちる。図 2-27 に，縦材の剛性と曲げモーメントの関係を示す。トラスとフィーレンディールの中間的な構造もあり，部分的に斜め材を用いることでその部分の曲げ応力を減らすことができる。

（3）張弦梁

張弦梁は，上弦材に曲げと圧縮を負担させ下部の部材を引張材とした複合材であり，下弦材は引張材のため断面が極めて小さくすることができ存在感が少ないことが特徴である。この構造は単純梁である上弦材を，束材の部分で突き上げて曲げモーメントを減らすシステムと考えることもでき，下弦材の軸剛性が十分に大きければ，上弦材は束材で支持された連続梁のような曲げモーメント分布となる。下弦材に初期張力を与えることで，応力の制御ができる（図 2-28）。

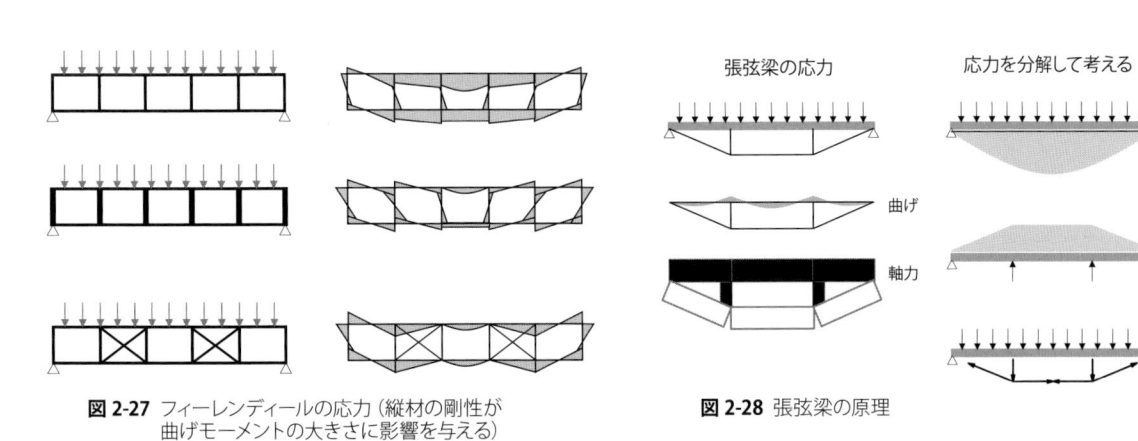

図 2-27 フィーレンディールの応力（縦材の剛性が曲げモーメントの大きさに影響を与える）

図 2-28 張弦梁の原理

姫路市水道資料館　水の館

姫路市水道資料館　水の館
設計　横内敏人建築設計事務所
所在地　兵庫県姫路市
竣工年月　1995年11月
延床面積　597㎡
階数　地上2階建
構造種別　RC, S

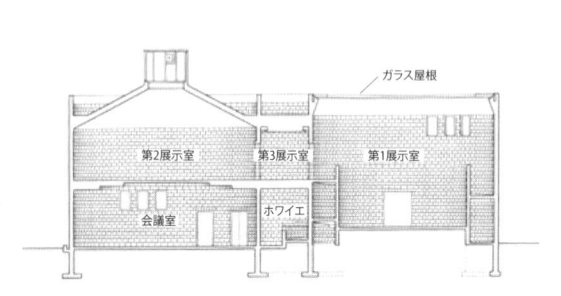

　浄水場に併設された，水道の仕組みを展示する資料館である。直径11mの円形展示室のガラス屋根は深さ5〜10cmの水盤となっており，日光が水を透過して展示室内部に差し込んでくる。透明感のある屋根架構が必要とされ，井桁に組んだ張弦梁を用いて，上弦材をH-150×150，下弦材を25φのロッドとした。

図2-28 断面図

写2-30 ガラス屋根見上げ

那覇イエス之御霊教会

那覇イエス之御霊教会
設計　チーム・ドリーム
所在地　沖縄県那覇市
竣工年月　2005年9月
延床面積　1,025㎡
階数　地上4階建
構造種別　RC, S

　直径16mの円形平面を有する教会の礼拝堂の屋根に，放射状の張弦梁の架構を用いた。上弦材を放射状に配し，下弦材は上弦材と平面的にずらした配置とし，中心部で1本であった部材を途中で枝分かれさせ，周辺部では2本の部材としている。束材は上弦，下弦材をつなぐようにV字型の配置となる。さらに，屋根の吹上力に抵抗させるための引張材を，下部の壁から下弦材接合部に伸ばしている。上弦材はH-148×100，下弦材はFB-25×100とし，部材のピッチを細かく断面を小さくして繊細な屋根架構を見せている。

写2-31 建物外観

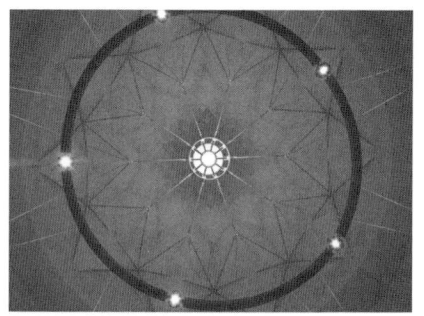

写2-32 礼拝堂屋根見上げ

写2-33 構造模型

麻生町民体育館

麻生町民体育館
設計　三上建築事務所
構造設計　横山建築構造設計事務所（担当：金箱温春）
所在地　茨城県行方市
竣工年月　1993年2月
延床面積　3,469㎡
階数　地上2階建
構造種別　RC, S

　36×48mの平面形状の体育館の屋根に，建物中央の長手方向に梁せい4mの菱形のキールトラスを設け，短手方向に張弦梁を配置した構造を用いた。キールトラスの上部はトップライト，下部はメンテナンス通路としての機能をもっている。照明や設備，キャットウォークをキールトラスに集約させることで，両側の張弦梁の構造をすっきりと見せている。張弦梁は上弦材のH形鋼1本に対し，下弦材の丸鋼を左右に振り分けて組み合わせた。上弦材のH形鋼を斜めに配置したことにより，下弦材の2本が隣り合ったり離れたりするリズムを生み出している。

写 2-34　アリーナ内観

写 2-35　張弦梁

2.2　鉛直荷重に対する架構計画

　鉛直荷重に対しての各部位の架構計画について述べる。鉛直荷重は屋根や床に加わった荷重が横架材から柱を伝わって基礎に伝えられていくので，屋根や床の梁配置と柱位置の計画がポイントとなる。

(1) 柱の配置

　柱位置の計画は建築計画と密接な関係があり，平面的な配置と高さ方向の配置について計画することになる。平面的な配置は建築計画を配慮して決定することとなるが，なるべく均等なスパンにすることが原則である。上下階では同じ位置とすることが望ましいが，斜線制限により建物形状がセットバックする場合や，上下階で機能が異なる場合などでは柱をずらすことが必要である。この場合には柱が負担していた軸力をその下部の梁の曲げで伝えるため，梁を強固なものとする必要がある。建物上層の階で柱が抜けたり，ずれたりするような場合には，柱軸力が比較的小さいため力学的な処理も容易であるが，多くの層を支えている柱が抜けるような場合には慎重な対応が必要となる。

　上層階では通常のスパンで計画され，下層階で大スパンや片持ち

構造が必要となる場合には，単一の梁部材で対応すると大きな部材断面が必要となる。上層階でフィーレンディールやトラスを形成し，あるいはRC壁によるウォールガーダーなどを利用して大スパンや片持ち構造を構成することで，梁部材への負担が減り効率のよい構造とすることができる。

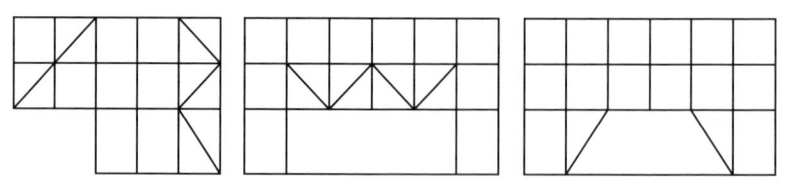

図 2-30 片持ちや柱抜けの計画（軸組図）

ジグ

1階が駐車場やリビングの大きな空間，2階に個室を配置した住宅である。中央に浴室・トイレ・階段などの空間となるRC造のコアを配し，そこから2階の個室を鉄骨造の片持ち構造で支える構造形式とした。建物の外壁および個室の間仕切壁に斜めの吊材を配置することで，4mのオーバーハングを効率的に成立させている。

写 2-36 建物外観 　　**写 2-37** 鉄骨建方

ジグ
設計　アトリエ・ワン
所在地　千葉県船橋市
竣工年月　2003年3月
延床面積　255㎡
階数　地上階2建
構造種別　RC, S

札幌市都心部子供複合施設

半地下の体育館の上に，4層の教室を有する小学校と幼児教育の複合施設である。大空間の上部に部屋がある場合には，大架構を構築してその上に上部構造をつくる方法が考えられるが，この建物では各階で建築計画上可能な位置に斜め材を設け，4層にまたがる変形のトラス架構を形成した（図 2-31）。上部は教室が積層される建物であるため，廊下部分にトラス材を設けることが難しかったが，5階床下の設備スペースを利用して解決した。これらの結果，スパン約22mの体育上部の梁せいを1.4mとすることができ，コストダウンにつながった。

札幌市都心部子供複合施設
設計　アトリエブンク
所在地　北海道札幌市
竣工年月　2004年2月
延床面積　13,175㎡
階数　地下1階地上5階建
構造種別　S, RC, SRC

写 2-38 建物外観

写 2-39 建築断面模型

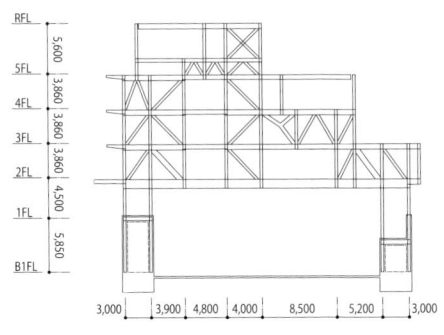

図 2-31 軸組図

写 2-40 架構内の斜め材

沖縄県総合福祉センター

広場を囲むようにコの字型に建物が配置されており，一部の建物の1，2階部分が吹抜け状のピロティとして計画され，中庭と一体となった開放的な空間をつくった。上部には3層分の建物があるため，単純に柱抜けの架構とすると3階床の梁部材が大きなものとなり，効率が悪い。1，2階部分の柱抜けを最小限とし，斜め柱を利用することで，開放性を高めかつ効率のよい構造とした。

沖縄県総合福祉センター
設計　チーム・ドリーム
所在地　沖縄県那覇市
竣工年月　2003年1月
延床面積　13,165㎡
階数　地下1階地上5階建
構造種別　SRC, RC, S

写 2-41 ピロティ部分

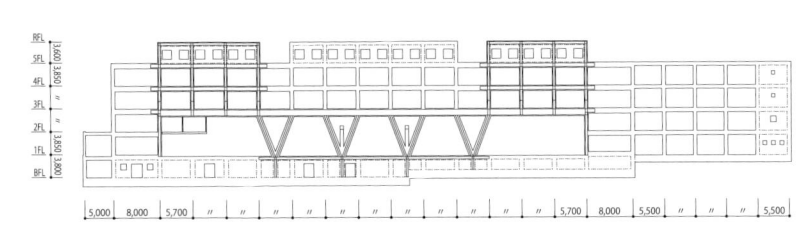

図 2-32 軸組図

聖心女学院創立100周年記念ホール

3階建の建物であり，1，2階は敷地形状とほぼ同じようなL字型の平面形状となり，3階部分は20m角の正方形平面を有しており，その一部の9×11mの部分が学内の既存施設にオーバーハングする

043

形で計画されたものである。オーバーハング部分を最小の断面で成立させることが，構造計画の最大の課題である。3階部分は，円弧状の壁によってホールと外周のホワイエが分けられ，外周はガラス面で構成されている。構造はRC造とし，円弧状の壁を上下階でなるべく連続させることや開口位置の調整を行い，オーバーハング部分では円弧状の壁をウォールガーダーとして機能させた。外周のスラブは，ウォールガーダーで支えられた最大8mの片持ちスラブとなりプレストレスを導入している。屋根は3階床とずれた正方形面，およびそれらと3階床レベルをつなぐ斜めの面からなる多面体形状であり，鉄骨造とした。

聖心女学院創立100周年記念ホール
設計　安藤忠雄建築研究所
所在地　東京都港区
竣工年月　2008年7月
延床面積　987㎡
階数　地上3階建
構造種別　RC，SRC，S

写 2-42　建物外観

写 2-43　3階のホワイエと円弧壁

写 2-44　プール上部のオーバーハング部分

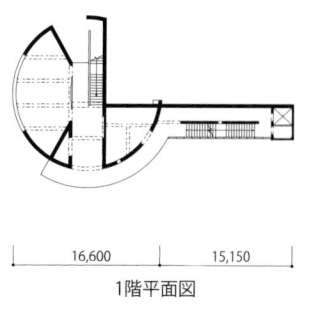

1階平面図

3階平面図

図 2-33　伏図

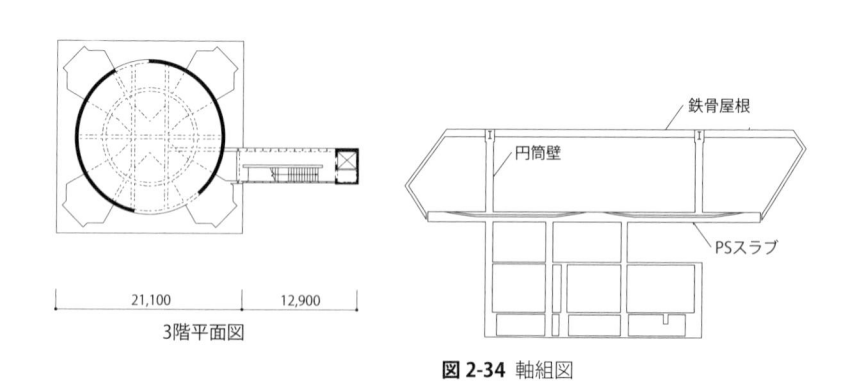

図 2-34　軸組図

（2）梁の配置

梁配置も柱同様に建築計画と密接な関係があり，梁を架け渡す方法（一方向に架け渡すか二方向とするか）や，梁のピッチにより力の流れや大きさを制御し，部材断面の大きさを調整することが可能である。梁の応力や部材断面は単位面積における荷重，梁の荷重負担面積，およびスパンに依存して決まる。図2-35に大梁のグリッドと小梁の配置，大梁の荷重負担・応力の関係を示している。基本的には，短辺方向に小梁を配置することが原則である。グリッドが正方形に近い場合には，一方向に配置すると小梁を受けている大梁の応力は大きくなるが，格子状の配置により大梁の応力を均等にすることができる。長方形グリッドの場合に長手方向に小梁を配置し，大梁の応力を均一化し梁せいを揃えることもできる。ただし，小梁の端部の固定条件

も弱いため，大梁より大きな断面が必要になってしまうこともあるので注意が必要である。

　梁配置を一方向とするか二方向とするかは，できあがった空間にも大きな影響を与える。写2-45はPC床板を用いて一方向配置とした事例であり，対面する壁に力を流すように一方向に力を伝える構造を選んだ。写2-46は公民館ロビーの屋根であり，屋根は壁や柱によって分散的に支持されているため，二方向に力を伝える格子梁を採用した。いずれもできあがった空間の雰囲気を生み出す大きな要因となっている。

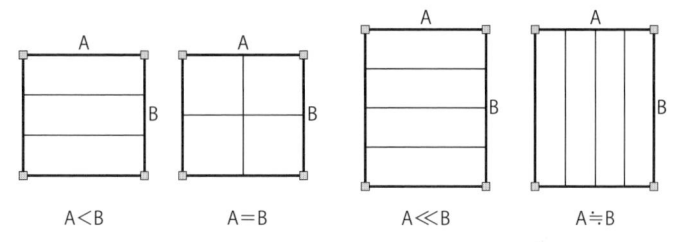

図2-35 小梁配置と大梁応力の関係（伏図）

写2-45 梁の一方向配置例　　**写2-46** 梁の二方向配置例

　梁配置のパターンとして，分散型，集中型という発想で考えてみる（図2-36）。分散型は同じような部材を配列し力の流れを全体で一様としたものであり，写2-47の広島市立基町高校体育館がその例である。集中型は，剛性の大きい梁を配置して力の流れにヒエラルキーをつけることで，その他の部材に対しては見かけのスパンを小さくするものであり，キール構造と呼ばれるようなものである。一例として，図2-37（写2-34）に示す麻生町民体育館がある。

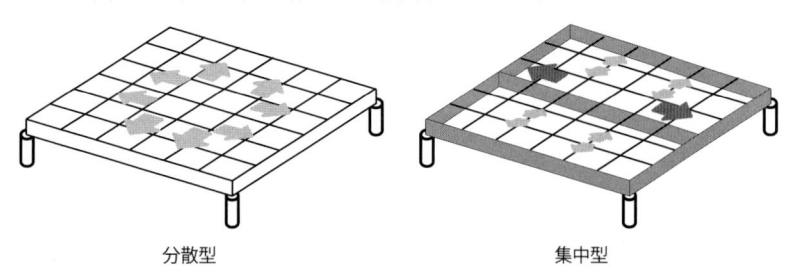

図2-36 梁配置の分散と集中

写 2-47 梁の分散配置例

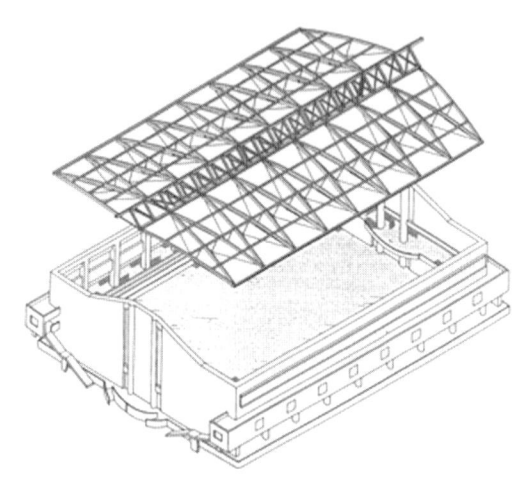

図 2-37 梁の集中配置例

2.3 水平荷重に対する架構計画

2.3.1 静的な水平力の意識と力の流れ

　地震荷重は，本来は動的なものであるが，通常は静的な力に置き換えて設計が行われる。したがって，構造計画でも静的な力と考えて建物の形態や部材配置との関係を考えていくことができる。水平荷重が鉛直荷重と異なる点は，屋根や床が一体となっている部分では全体としての力の抵抗を考えることができる点にある。図 2-38 に示すように，部材の剛性に応じて力の分担，言い換えると力の流れが決まる。このことを利用して水平力負担の大きい部分，小さい部分をつくりだすことができる。水平荷重も鉛直荷重と同様に，構造形式や部材の組み合わせによって支配的となる応力は異なってくる。ラーメン構造の場合には曲げ応力が主体の応力となるが，ブレースや斜め柱を用いると軸力が支配的な構造となり，RC 造の耐震壁は面内のせん断力が支配的な応力となる。図 2-39 に，水平力に対する釣り合いを示す。

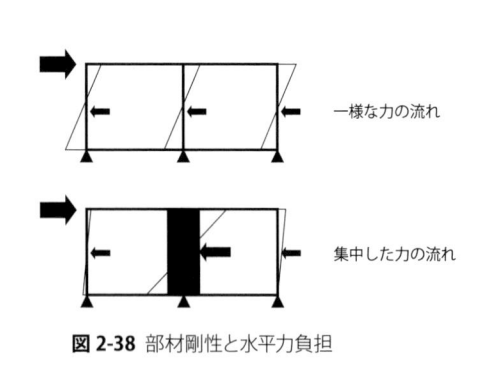

図 2-38 部材剛性と水平力負担

一様な力の流れ
集中した力の流れ

図 2-39 部材配置と水平力の釣り合い

$Q_{2a} + Q_{2b} = P_2$
$Q_{1a} + Q_{1b} = P_2 + P_1$

$2 \cdot N_2 \cdot \cos\theta = P_2$
$2 \cdot N_1 \cdot \cos\theta = P_2 + P_1$

2．3．2　耐震要素の平面的な配置計画

　水平荷重に対する計画では，耐震要素の配置計画と地震力の抵抗システムを意識する。耐震要素の配置は，大別すると均質型と集約型とに分類される。

　均質型は建築物の全域に一様に耐震要素が配置されているもので，ラーメン構造やブレース，耐力壁を一様に配置した構造がこの分類となる。集約型では耐震要素としてブレースや耐力壁を用いるため，その位置は建築計画と深く関連する。集約型の架構としては，外周集約型，中央集約型，片側集約型，分散的集約型などがあるが，これらは厳密に区分されたものではなく，複合して用いられることもある（図2-41）。

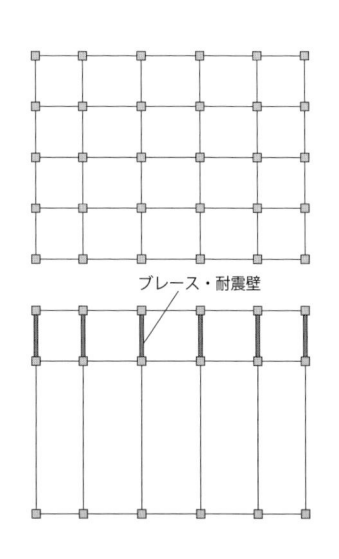

図 2-40 均質型の耐震要素配置

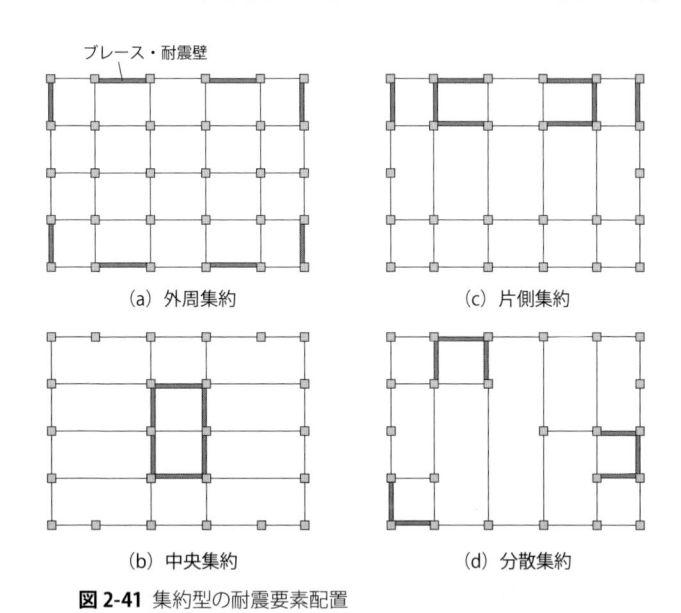

図 2-41 集約型の耐震要素配置
(a) 外周集約　(b) 中央集約　(c) 片側集約　(d) 分散集約

　耐震要素の配置計画を行う際には，平面的な配置と高さ方向の配置についてそれぞれバランスを考慮する必要がある。平面的な配置では偏心を少なくすることが重要であり，均質型，外周集約型，中央集約型では重量と剛性分布のバランスを取りやすいが，片側集約や分散集約型では注意や工夫が必要となる。建築物がセットバックしているような場合には，重心がその階の平面の図心とずれることがあり，耐震要素の配置が見かけ上はバランスがよくても，実際には偏心が大きくなることもある。また，住居系の建築物では，南側が解放され耐震要素が少なくなることが多く，平面的なバランスを欠きやすいので注意が必要である。耐震要素が偏る場合は直交方向の剛性を増やし，ねじれ剛性を高めて偏心の影響を小さくすることも有効である。偏心を小さくするためにRC造耐力壁にスリットを設けることが行われているが，偏心が多少大きくなっても耐力壁の量を確保したほうが耐震性能として優れている場合もある。

越後妻有交流館　キナーレ

　外周集約型の一例として，越後妻有アートトリエンナーレの中心施設を取り上げる。外周の一辺が 72m の正方形平面であり，建物内部に 48m 角の正方形の池が配置されており，ロの字型の建物を形成している。外周を RC 壁で囲むことで池に面した柱のプロポーションをスレンダーなものとし（高さ 9m，600 × 600mm），中庭と回廊の一体感を生み出している。内側の柱と外側に壁で支えられた屋根は 15m スパンであり，上弦材を RC，下弦材を鉄骨としたトラス構造とし，3m の積雪に耐えるものとなっている。

越後妻有交流館　キナーレ
設計　原広司＋アトリエ・ファイ建築研究所
所在地　新潟県十日町市
竣工年月　2003 年 6 月
延床面積　6,903㎡
階数　地上 2 階建
構造種別　RC, S, SRC

写 2-48　建物内側の回廊と池

図 2-42　構造システム

写 2-49　RC と鉄骨の複合屋根

関門海峡ミュージアム　海峡ドラマシップ

　中央集約型の一例として，関門海峡を臨む博物館を取り上げる。海との一体性を重視した博物館であり，外周部の開放性が求められた。中央の吹抜け状の展示室は海中をイメージしたものであり，閉鎖された空間である。この部分を鉄骨フレームとブレースによって主要な耐震要素とし，外周の架構は鉛直荷重と風荷重のみを負担させるようにして，開放性を生み出した。このように耐震要素を中央に集中した場合，水平力による転倒モーメントが局所的に大きくなるので，建物全体で転倒モーメントに抵抗するためには強固な基礎が必要となる。この建物では最下層の機械室を壁の多い RC 造として，階全体として上部鉄骨造の基礎としての役割をもたせた。

関門海峡ミュージアム　海峡ドラマシップ
設計　仙田満＋環境デザイン・大崎・総合設備・トーホー設備・森川設計 JV
所在地　福岡県北九州市
竣工年月　2002 年 12 月
延床面積　9,898㎡
階数　地上 6 階建
構造種別　S, RC, SRC

写 2-50 建物外観 　　写 2-51 外周展示室 　　写 2-52 中央コア部の鉄骨

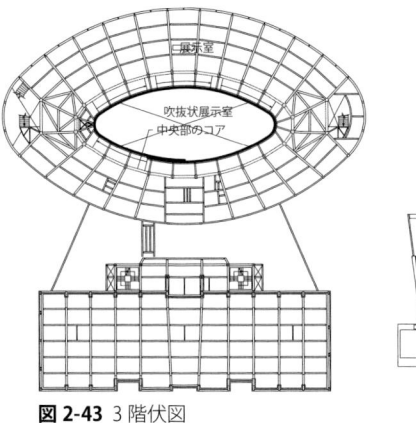

図 2-43 3 階伏図 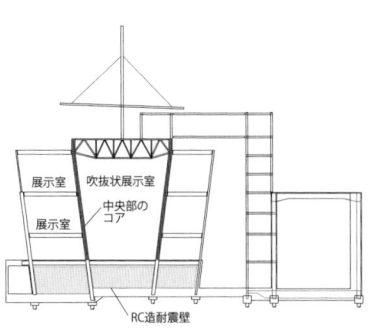　　図 2-44 軸組図

札幌市立大学　芸術の森キャンパス

　片側集約構造の一例として，大学の講義・研究棟を紹介する。研究室は可変性を確保するため無柱空間とし，廊下を挟んだ諸室および建物の妻面を RC 造とし耐震壁を配した。研究室部分は PCa 架構を用い，南面には 250×800mm の PCa 柱を 1.5m ピッチで配して，構造材と縦ルーバーを兼用し，床面は 1.5m 幅の PC 床板を用いた。長手方向に対しては偏心の大きい構造となるが，建物平面の縦横比が大きいため短辺方向妻面に RC 耐震壁を配置することでねじれ抵抗を増している。

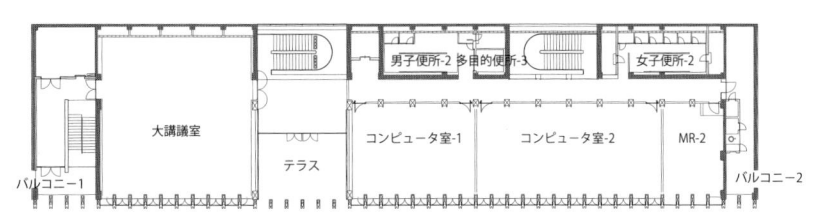

図 2-45 耐震要素配置図

札幌市立大学　芸術の森キャンパス
設計　アトリエブンク
所在地　北海道札幌市
竣工年月　2006 年 3 月
延床面積　4,157㎡
階数　地上 4 階建
構造種別　RC, PCa, S

写 2-53 建物外観 　　写 2-54 研究室内観

釧路こども遊学館

　北海道の建物であるが，子供たちの遊びの場にふさわしく開放的な建築がイメージされ，また冬でも日射が多いことを考慮して温熱制御を行うことを前提とし，全面ガラス張りの建物を計画した。平面は曲率の異なる円弧で構成されたパレット型の形状で，外形の大きさは38×76mである。外周部を開放的につくるためには，内部の階段室やスロープを耐震要素とする中央集中型の配置計画とすることが考えられるが，地下水位が浅く基礎底をなるべく浅くすることが必要とされ，内部集中型の耐震要素では基礎梁せいが大きくなるため不都合であった。そこで建物外周部の東西南北の各面に部分的に斜め柱を用いた透過性の大きい耐震要素を配し，内部の耐震要素と合わせて建物全域に耐震要素を分散させる構造とし，基礎の負担を最小限とした。外周部の架構は一般部の柱は300φの鋼管であり，耐震要素としての斜め柱も同径のものを用い，さらにプラネタリウムが内蔵された高さ20mの吹抜け空間にも同径の柱を使うことを考えた。吹抜けの部分は風荷重の影響が大きく，通常の仕組みでは柱断面が大きくなるが，3階床レベルの外周部に水平トラス梁を巡らして柱の座屈拘束を行い，部材断面を300φとすることを可能とした。

釧路こども遊学館
設計　アトリエブンク
所在地　北海道釧路市
竣工年月　2005年3月
延床面積　5,883㎡
階数　地上5階建
構造種別　S

写2-55 建物外観

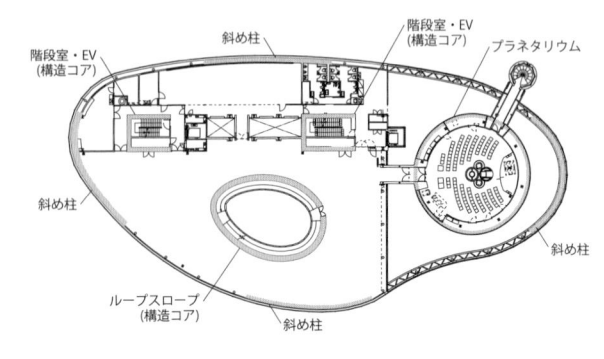

図2-46 耐震要素配置図

写2-56 吹抜け部の斜め柱

写2-57 吹抜け部の鉛直柱と水平トラス

2.3.3 耐震要素の高さ方向の配置計画

　耐震要素の高さ方向の配置計画として重要なことは，上下階で地震力と剛性のバランスを取ることや，力の流れを明確にすることである。上下階を一様な構造でつくる場合には剛性のバランスが取りやすく力の流れも明快となる。上下階で構造形式を変える場合とは，上下で異なる用途・機能をもち，空間の大きさが異なるため構造形式を変える場合，また建築デザイン的な配慮から架構の形状を変える場合，さらに傾斜地の建築で上部が鉄骨や木造であり下部をRC造とする場合などがある。このような場合には，上下階の剛性変化や耐震要素の配置に対して配慮が必要である。特に，上部の剛性が大きく下層階の剛性が極端に小さいピロティ状の構造は，地震力の特定階への集中を招くため基本的には避けるべき計画である。耐震要素の平面的な配置を工夫し，ある部分で剛性を確保し，一部分をピロティ状とすることや，仕上材によって上下階のイメージを変えることなどで対応すべきである。下部がRC造のように剛性が大きく，上部が鉄骨や木造のように剛性が極端に小さくなる場合には，上層階において地震力が増幅することの考慮が必要であり，保有水平耐力計算の場合には剛性率の値により必要保有水平耐力の割増率として考慮される。傾斜地で地下部分をRC造とし，地上部分を鉄骨造や木造とした場合には，構造計算上はRC造部分も地上階の扱いとなることもあり，上記の配慮が必要となる。

　上下階で架構の形態が変わり，水平力を負担する構造部位の位置が変わる場合には，その階の梁や床面を伝達し水平力が流れることになる。同一フレーム内でブレース位置が変わる場合には，梁の軸力で力が伝わることになるため，部材や接合部の強度が必要である（図2-47）。地上階の中央部にコアがあるような建物で，地下階で外周部の壁で地震力が負担されるような場合には，1階床スラブを伝わって力が外周壁に伝わっていく。床に開口部があれば，水平力伝達に必要な強度が不足することもあるので留意する（図2-48）。

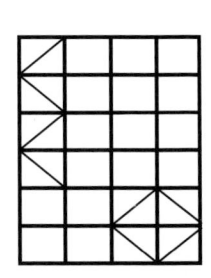

図 2-47 フレーム内での耐震要素のずれ 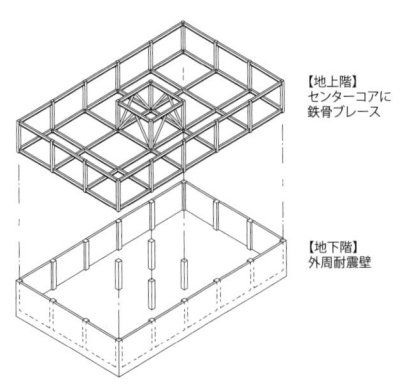　　**図 2-48** 上下階での耐震要素の位置のずれ

潟博物館

建物周囲に広がる干潟を観察する博物館である。建物中央部に部屋や吹抜けがあり，その外側にらせん階段が配され，4～6階ではさらにその外側にスロープを有する複雑な建築である。主体構造は二重のSRC造チューブ（円筒形状）架構であり，外側チューブ架構のうち事務室や展示室がある階では耐震壁を有する架構とし，開放的な階は斜め柱で構成して水平剛性を確保し，閉鎖的な階と開放的な階においてそれぞれに対応する構造形式を用いながら，剛性の急変を避けている。最大7mの跳ね出しとなるらせんスロープは，4，5階で柱からの鉄骨片持ち梁で構成している。3階で斜め柱を用いていることにより，1，2階の6本の柱が4，5階では12本となり，スロープの片持ち梁の本数を増やし，梁せいを小さくすることの効果も生み出している。

潟博物館
設計　青木淳建築計画事務所
所在地　新潟県新潟市
竣工年月　1997年6月
延床面積　2,608㎡
階数　地下1階地上7階建
構造種別　SRC, RC, S

写 2-58 建物外観

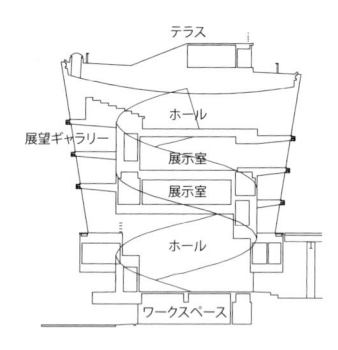

図 2-49 断面図

写 2-59 1～3階の吹抜け部

写 2-60 5階のスロープ

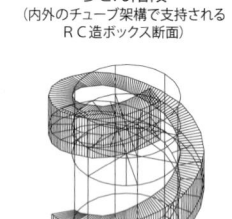

らせん階段
（内外のチューブ架構で支持されるRC造ボックス断面）

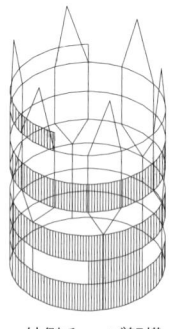

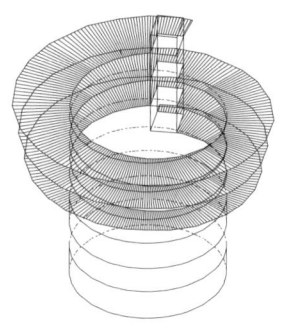

内側チューブ架構　　外側チューブ架構　　らせんスロープ

図 2-50 構造システム

写 2-61 鉄骨建方

広島市立基町高校〈南棟〉

都市景観的な配慮から設けられた1, 2階のピロティや, 中央部分での4層にわたり上部で広がりを持つ吹抜けが特徴である。1, 2階はRC造とし, ピロティ以外の部分に耐震要素を分散配置した構造形式とした。セットバックする上階は軽量化のために鉄骨造を用い, 3階はブレース構造, 4階は長手方向ではブレース構造とし, 短手方向はせいの大きなトラス梁による変則的なラーメン構造とした。上下階で構造種別や構造形式が異なるが, いずれも剛性の大きい構造形式を採用し, 高さ方向での水平剛性バランスを図っている。

広島市立基町高校〈南棟〉
設計　原広司＋アトリエ・ファイ建築研究所
所在地　広島県広島市
竣工年月　2000年2月
延床面積　12,334㎡
階数　地下1階地上4階建
構造種別　S, RC, SRC

写2-62 建物外観 　　写2-63 中央の吹抜け 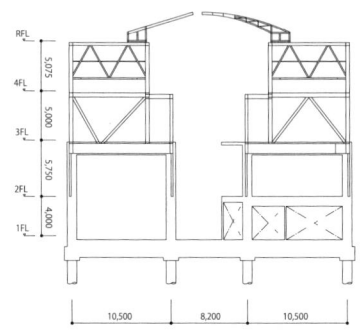　　図2-51 軸組図

日本工業大学百年記念館／ライブラリー＆コミュニケーションセンター

図書館を中心とした9階建の複合施設であり, 高層部は平面形が上階で小さくなっていくことが特徴である。構造は鉄骨造とし, 中央の階段室まわりと外周部にフレームを配置し, その間に梁を渡して床を構築し, さらに外周部にブレースを用いることとした。外周は3種類の外装材によって非均質につくられており, 当初はブレースもそれに呼応するようにランダムに配置することがイメージされ（図2-52）, これに対応して構造形式の検討を行った。最終的には上下階で平面的な位置をずらしながらブレースを連続させ, 力学的に無理のない構造とした（図2-54）。

日本工業大学百年記念館／ライブラリー＆コミニュケーションセンター
設計　日本工業大学小川次郎研究室
所在地　埼玉県南埼玉郡
竣工年月　2007年10月
延床面積　4,694㎡
階数　地下1階地上9階建
構造種別　S

写2-64 建物外観 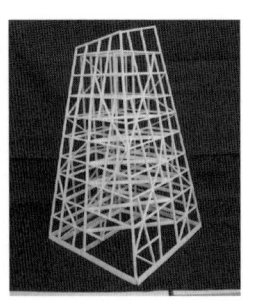　　写2-65 構造模型

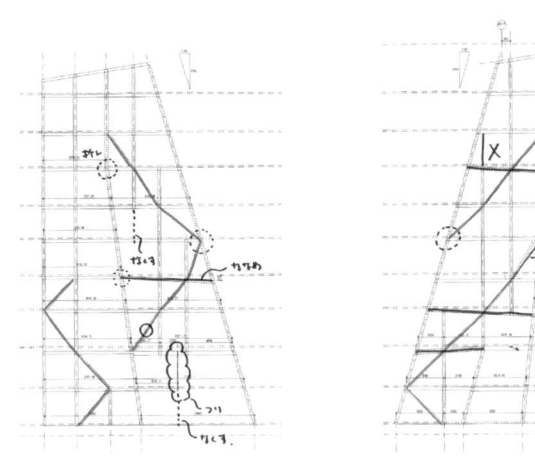

図 2-52 外周面のブレースのイメージスケッチ

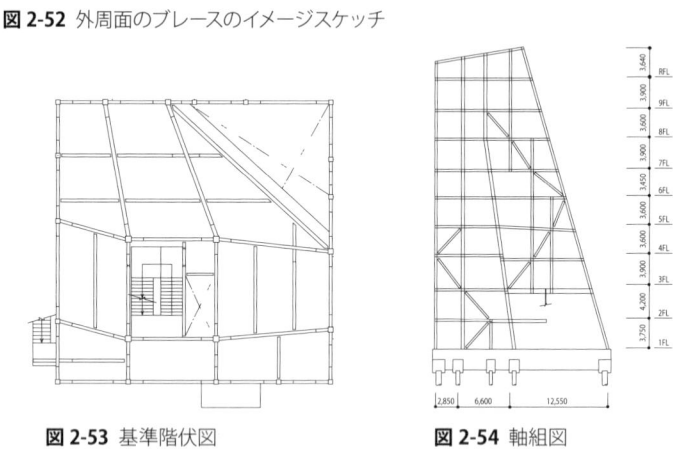

図 2-53 基準階伏図　　　　**図 2-54** 軸組図

2.3.4　高層建築における特殊性

　軸力支配型の構造は部材効率がよいために，高層建物においても，コアまわりにブレースを集約させた架構形式がよく用いられる。高層建物の特殊性として，耐震要素を積み重ねた場合に架構全体としての曲げ変形（柱の軸変形により生じる）により層の水平剛性が低下することがある。これを避けるための工夫として，コアどうしを剛性の高い水平梁（ハットトラスやベルトトラスと呼ばれる）でつなぐことが行われる。さらにこの形式を拡張したものが，スーパーストラクチャーである。

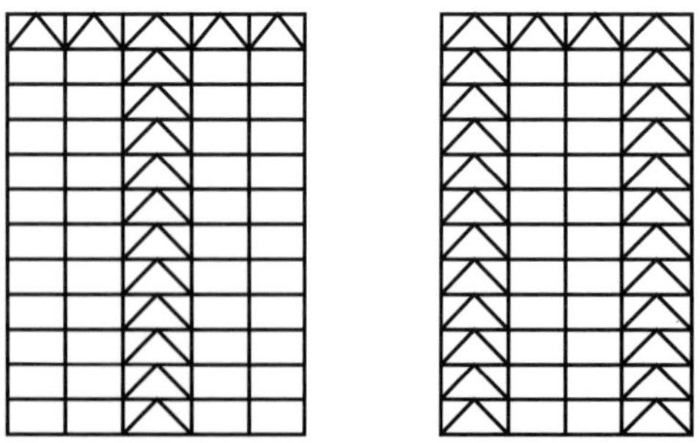

図 2-55 コア＋水平トラスのシステム 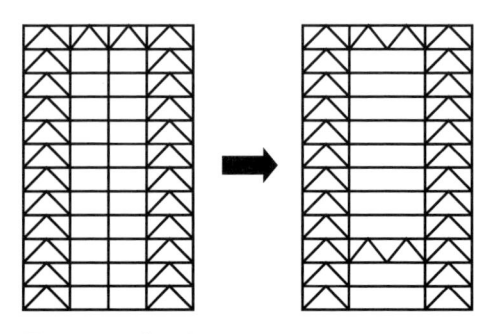　　　　**図 2-56** スーパーストラクチャー

プリズム（Uグループ本社ビル）

10階建のショールーム兼事務所ビルであり、階高が大きく、高さ56mの建物である。建物四隅に設けたコアと、コアをつなぐ最上層のトラス要素でスーパーストラクチャーを構成した。コア部分は通路を確保するために、偏心ブレースを用い梁降伏型の構造とした。内部は20×20mの無柱空間を形成している。下層階では事務室の平面形は45°回転し、外観にもその形態が表れている。この部分では建物平面中央部の地震力は、ブリッジによって四隅のコアに伝えられる。

プリズム（Uグループ本社ビル）
設計　北山孝二郎＋K計画事務所
所在地　長野県長野市
竣工年月　1997年10月
延床面積　17,997㎡
階数　地下2階地上10階建
構造種別　S, SRC

写2-66 建物外観
図2-57 床伏図 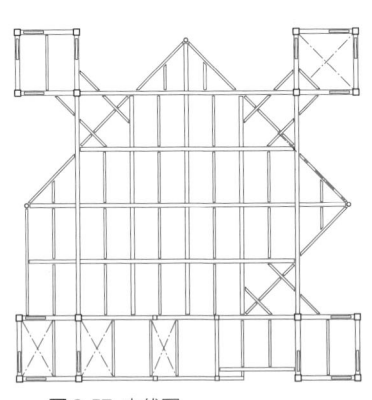
図2-58 軸組図 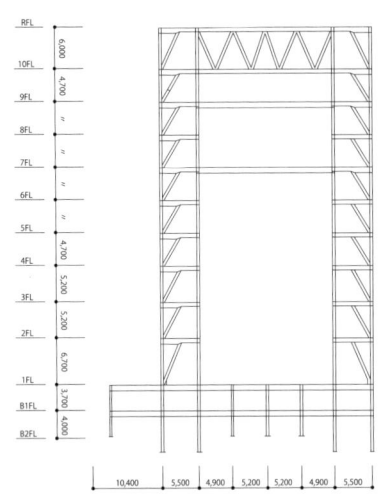

2.4　地震力に対する抵抗メカニズム

2.4.1　抵抗メカニズムの種類

前節までの議論は、建物に作用する地震力を静的な力を考え、それに構造物としてどのように抵抗するかということを、いわば弾性範囲で考えていた。しかし、実際の耐震設計では頻度の少ない（極めて稀な）地震力に対しては構造物が塑性化することを視野に入れた設計が行われている。構造物の塑性域を考慮した設計法としては外力分布を想定し、構造物の塑性化を考慮して増分解析を行って崩壊メカニズムを求め、構造物の靭性に応じて必要な強度を決定する方法（保有耐力計算）や、応答スペクトルから地震時に生じる応力と変位を求める方法（限界耐力計算など）がある。この他に建物を振動モデルに置き換えて振動方程式をつくり、地震動を直接与えて構造物の応答を調べる「時刻歴解析」も行われている。

地震力に対する抵抗メカニズムを大別すると、強度型、靭性型、

エネルギー吸収型（損傷制御型）となる。強度型の構造は主に低層の建築物で可能な構造形式であり，RC造の耐震壁や鉄骨ブレース構造など強度の大きい耐震要素を用い，塑性化の効果はわずかに期待するだけのものである。靱性型は構造体が塑性化することによるエネルギー吸収を期待するもので，主にRC造，SRC造や鉄骨造のラーメン構造，座屈拘束ブレースを用いた構造などがあり，部材の塑性変形能力を発揮するようなディテール設計が必要である。靱性の大きい構造要素が組み合わされている場合は，それぞれの強度の足し合わせとすることができるが，強度型と靱性型の要素が組み合わされた構造では，靱性の少ない構造要素の変形性能で建物としての限界となるため，他の構造要素の靱性が十分に発揮できないこともある。エネルギー吸収型は免震構造や制振構造などのように特定の部位（ダンパーなど）でエネルギー吸収を図り，他の部位をほぼ弾性範囲に留める計画であり，地震時の挙動が比較的明快となる。これらの地震力に対するメカニズムの違いは，地震後の建築物の状況にも影響する。地震後の修復性を考えることにより，耐震設計を考えていくことも重要である。

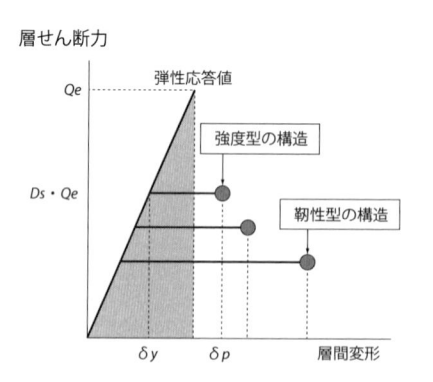

図 2-59 復元力特性と強度型・靱性型の構造　　**図 2-60** エネルギー吸収型のメカニズム

2. 4. 2　免震構造・制振構造

　免震構造は建物を地盤から絶縁し，地震入力エネルギーを減らすとともに，付加減衰装置によりエネルギーを吸収させるメカニズムである。長所としては上部構造を弾性設計として損傷を防ぐことや，応答加速度が低減されるために機能維持，収蔵品保護といった効果があり，また仕上材取り付けの簡略化が図れることもある。一方，短所としては，免震層変位が大きいことにより建物有効面積の減少やエキスパンションジョイントの処理が必要となること，コストの増加が挙げられる。ただし，耐震性能としては格段に向上しているので，費用対効果は大きいといえる。

　免震構造の設計に際しては，基本的にはアイソレータに引張力を生じさせないような計画が必要となる。長周期化のためには建物重量の

積層ゴムの剛性に対する比を大きくする必要があり，軽量の建物では長周期化のためにはアイソレータに重量を集約させることが必要である。重量に依存せずに長周期化を実現するものとして，転がりや滑りのメカニズムを用いた免震構造がある。

制振構造は地震力を吸収する部材を建物全体に分散させて配置させたものであり，通常はブレース，間柱，壁などに制振部材（エネルギー吸収部材）を配し，柱，梁などの主体構造の損傷を小さくする。制振部材はダンパーと呼ばれることもあり，オイルダンパー，粘性ダンパー，粘弾性ダンパー，鋼材ダンパーなどさまざまな種類があり，それぞれ減衰力の効果も異なる。

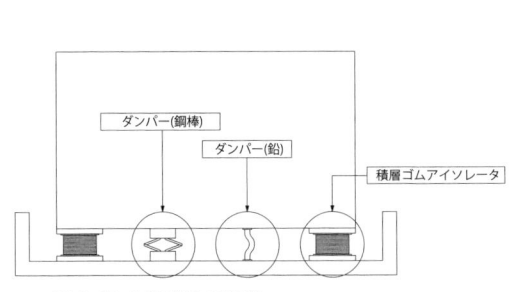

図 2-61 免震構造の原理

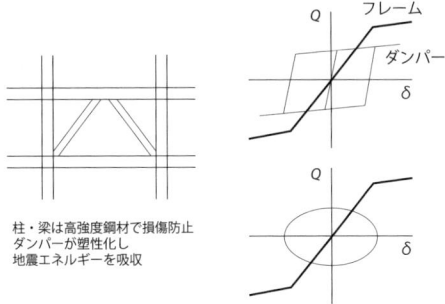

図 2-62 制振構造の原理

兵庫県立美術館

兵庫県南部地震後，その激震地跡に計画された美術館である。御影石の基壇上部に，3棟に分かれたガラスで覆われた展示室が計画された。4層の地上部と地下階との間に免震層を設ける，中間層免震構造としている。上部構造は免震構造の利点を生かし，分棟の建物を一体の渡り廊下で連結し，また大庇を支持する柱をスレンダーなものとしている。建物の可動寸法は60cmを確保しており，建物外周はスロープや大階段などがあり，エキスパンションジョイントの処理に工夫を要した。免震構造の建物では，エキスパンションジョイントのディテールが重要である。

兵庫県立美術館
設計　安藤忠雄建築研究所
構造設計　木村俊彦構造設計事務所＋金箱構造設計事務所
所在地　兵庫県神戸市
竣工年月　2001年9月
延床面積　27,461㎡
階数　地下1階地上4階建
構造種別　SRC, RC, 免震

写 2-67 建物外観

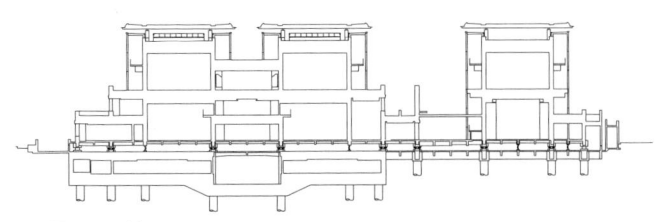

図 2-63 断面図

写 2-68 外周のエキスパンションジョイント

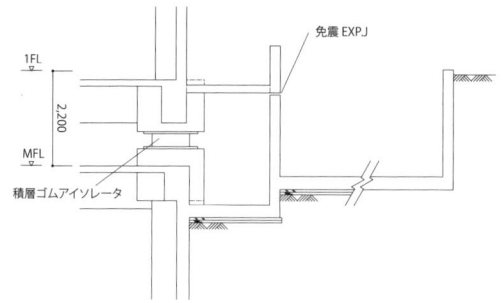

図 2-64 エキスパンションジョイント部の断面

LAPIS

　間口8mの敷地に計画した，免震構造の店舗と住宅の複合建築である。狭小敷地で免震構造の計画を行うと，可動部分のクリアランスを確保することで建築面積が減少することの影響が大きくなるため，建設が見送られることが多い。この建物では，1階のみ平面を小さくしてクリアランスを確保し，上部は有効な床面積を確保することを考えた。建物のアスペクト比が大きく，アイソレータに引張力が生じやすい形態であるため，アイソレータは4隅にのみ配置させ，上部構造の荷重を4隅に集め，重量を補うために1階床部分は厚さ1mのRCスラブとした。免震構造としたことで，8階建でありながら開口部を自由に設けた壁式構造のような架構が可能となっている。建築の有効な面積をなるべく確保するため，基礎と山留め計画にも工夫を要した。山留め壁はH鋼横矢板を用い，免震層下部の基礎を敷地内側に寄せ，免震層上部の擁壁部分は山留め壁を躯体中に埋め込んだ形式とした。

LAPIS
設計　飯田善彦建築工房
所在地　東京都港区
竣工年月　2007年10月
延床面積　517㎡
階数　地上8階建
構造種別　RC，免震

写 2-70 建物外観

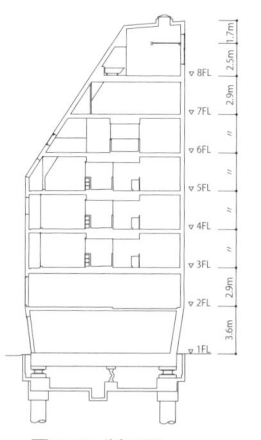

図 2-65 断面図

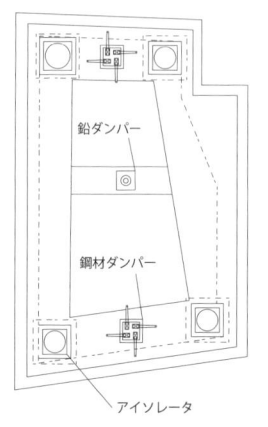

図 2-66 免震デバイス配置図

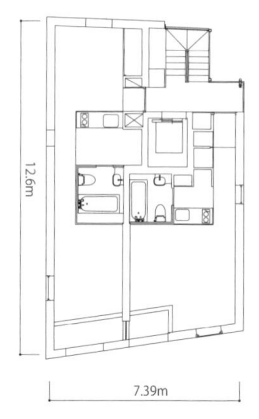

図 2-67 基準階平面図

東大寺総合文化センター

　永い歴史を有する寺院の展示施設であり，国宝級の展示品が展示・収蔵される。建物全体を免震構造とすることが望ましいが，敷地内の一部に鎌倉時代の遺構があり，この保存のために掘削深さが制限され，基礎免震は不可能であった。展示ケースの免震という案も検討したが，より広範な免震を行うとの考えから，展示室全体を免震とする「部屋免震」を採用した。積載荷重が大きく，強固な床が必要であり，部屋としての気密性が要求されたことが特徴である。鉄骨梁の上部にRC造の床をつくり，その上に鉄骨フレームを組んで，壁と床を含めた部屋全体を免震層で支えている（図2-68）。支える重量が軽いため，積層ゴムを利用して周期を長くすることは不可能であり，今回の計画では摩擦振子支承を採用した。この支承の復元力は支承面の曲率により決まるため，支えている重量に関係なく固有周期が決まり，重量に比例した摩擦力により履歴減衰が得られる。また，加速度を抑えながら変位を小さくするために粘性ダンパーも用いた。摩擦振子支承は，原理的には支える重量が偏在してもねじれは生じないが，不測の事態を考慮し，平行移動装置（パンタグラフ）を設置した（図2-69）。

　免震を採用することの目的は収蔵品の保護であり，想定する地震動の評価，応答加速度のクライテリアの設定を検討した。敷地周辺の歴史的な地震動や近海のトラフの動きによる海洋型地震，および周辺の活断層の影響を調査して想定地震動を決定した。応答加速度のクライテリアは，既往の研究をもとに決定した。幅に対する高さの比が5以下の展示物の転倒を確実に防ぐために，床面の応答加速度を140gal程度に抑えることを目標として免震装置の設定を行った。

東大寺総合文化センター
設計　建築研究所アーキヴィジョン
所在地　奈良県奈良市
竣工年月　2010年10月
延床面積　4,773㎡
階数　地下1地上3階建
構造種別　RC

写2-70 建物外観

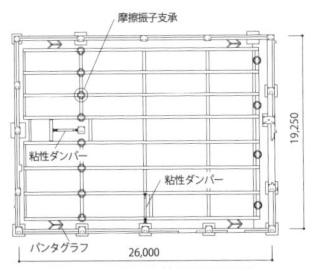

図2-68 断面図

図2-69 免震装置配置図

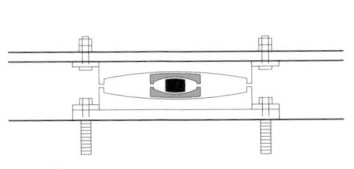

図2-70 摩擦振子支承

写2-71 支承の取付け状況

ケイラインロジスティックス本社ビル

　日本橋に建てた鉄骨造10階建のオフィスビルであり，地震後の修復性を考慮して計画を行った。外周がPC板カーテンウォールで覆われた整形な平面形状の建物であり，当初は外周部のみに柱のあるラーメン構造として計画した。その後，地震時の主体構造の損傷を防止するため制振構造を取り入れた別案を検討した。平面計画の調整を行いエレベータ，トイレまわりを利用して制振部材（鋼材ブレース，オイルダンパー）を付加した架構を計画し，地震時の主架構の状況やコストの比較検討を行った。オイルダンパーを付加した場合と純ラーメン構造で計画した場合とのレベル2地震時の応答を比べると，層間変形が6，7割程度に減り，また主架構の塑性率は大幅に減って1未満とすることができる。コスト的には主体構造の鋼材量は5%程度減少するがオイルダンパーの分がコスト増となり，全体工事費に対して2%程度の増となった。

ケイラインロジスティックス本社ビル
設計　佐藤尚巳建築研究所
所在地　東京都千代田区
竣工年月　2011年3月
延床面積　2,560㎡
階数　地上10階建
構造種別　S

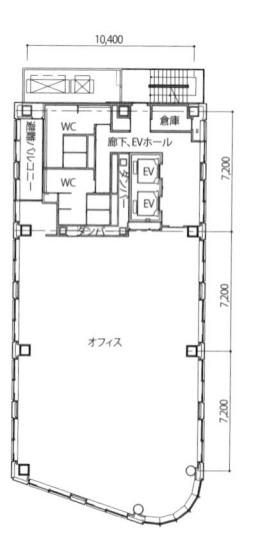

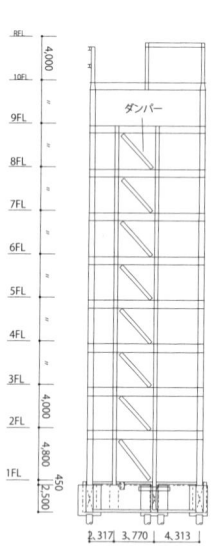

図 2-71 基準階平面図　　**図 2-72** 軸組図　　**写 2-72** 建物外観

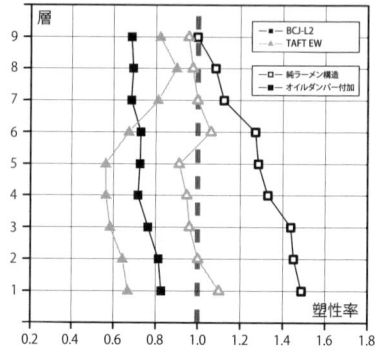

図 2-73 レベル2地震時における塑性率の比較

【第3章】

構造材料の特性と設計への適用

3.1　構造材料の種類

第1章で述べたように，構造計画では架構形態と部材構成を立案・計画することが具体的な内容となる。本章では，構造材料や部材としての特性を整理し，それぞれの特性を生かしてどのような建築がつくれるかを紹介する。

(1) 構造材料の要件

自然界にあるさまざまな材料をそのまま，あるいは加工することで建築の材料が得られる。構造材料として備えなければならない要件をまとめたものを，表3-1に示す。建物を継続的に支える骨格としての役割から，機械的性質や安定性は主要な要件となる。材料を加工して部材をつくり，部材を結合，組み立てて構造体を形づくることから，工場や現場における加工，接合，運搬，組立などの施工性も重要な要件である。建築構造材料は多量に使用されることが特徴であり，そのためコストパフォーマンスのよいことも要件である。優れた性能をもつ材料であっても，コストが高いものは構造材料としては採用されない。近年では，環境負荷に対する配慮も要件の一つとなってきている。これら以外にも，視覚的，デザイン的要素も重要である。

表 3-1 構造材料の要件

●機械的性質	強度，剛性，靭性，比重
●安定性	耐久性，耐火性
●施工性	加工，結合，接合，運搬
●コスト	材料費，加工費，流通
●環境負荷	エネルギー消費，CO_2排出
●視覚性	テクスチャー，デザイン性

(2) 構造材料の種類と特性

一般的に利用できる構造材料は，大別すると表3-2に示すように金属系・セラミックス系・高分子系・木質系に分類される。実際に使用される材料はこれらを単独に用いるか，あるいは複合されたものである。

金属系の中では，鉄鋼が構造材料として最も普及しているものである。鉄鋼は純鉄に炭素，マンガン，ケイ素などを加えた合金であり，成分調整によって強度や性能の異なる多種類の材料があり，建築で用いられているのはごく一部である。近年では高強度化を図ったもの，耐候性鋼や耐火鋼など高い耐久性を付与したものも出回っている。さらに，ステンレス・チタン・アルミニウムなど，それぞれ特徴をもった非鉄金属も構造材料として用いられている。ステンレスやチタンは耐

久性が高いこと，アルミニウムは軽いことが主たる特徴である。

　セラミックス系は天然の無機材料を焼成して得られる材料であり，セメントおよびコンクリート・焼成セラミックス・ガラスがある。コンクリートは廉価であり施工がしやすいということで，鉄鋼と並んで代表的な構造材料である。近年では，高層建築への適用の需要から高強度化が図られて，また各種の繊維補強材による引張強度および靭性の改善の高性能化も図られている。ガラスは本来，仕上材料であるが，マリオンなどの構造材として使われることもある。

　高分子系の材料は近代科学の成果として生まれたもので，他の材料に比べて歴史は浅い。プラスチックはそれ自体で構造材として使われるということは稀であるが，コンクリート補強用繊維や，ケーブル材など，他の材料との複合材料として使われることがある。ゴムは免震構造の実現により，構造材料としても注目されるようになり，"柔らかい"材料である。

　木は，古代より利用されている身近な材料である。天然の木材の短所としては，寸法安定性に劣ることや強度が一定でないといったことがあり，これらの短所を克服するために，集成材・合板・LVLなどといった材料が開発されてきた。

表 3-2　構造材料の種類

●金属系	鉄鋼，アルミニウム ステンレス，チタン
●セラミックス系	セメント・コンクリート 炭素繊維，焼成セラミックス ガラス
●高分子系	プラスチック，合成繊維，ゴム
●木質系	製材，集成材，LVL，PSL 構造用合板，OSB

　これらの材料の中で一般的に建築構造に使われる材料として，コンクリート，鉄鋼，木質系材料を取り上げ，構造部材として用いた場合，すなわち構造種別としての長所，短所を表 3-3 にまとめている。コンクリートは鉄筋や鉄骨と組み合わされて用いられることがほとんどであり，鉄筋コンクリートとして表現している。

表 3-3 構造種別の比較

構造種別	長所	短所
鉄筋コンクリート造	①耐久性，耐火性に優れている ②自由な形がつくれ，面的な構造が簡単につくれる ③剛な接合が簡単につくれる	①強度の割に自重が大きい ②乾燥によって収縮し，ひび割れが発生しやすい ③クリープ変形が生じやすい ④型枠が必要で仮設材が多い ⑤強度出現に時間がかかる
鉄骨造	①引張，圧縮いずれも大きい強度をもつ。ただし，圧縮材は座屈による不安定現象がある ②靭性が大きい（ダンパーとしての利用） ③開放的な建物がつくれる ④プレファブリケーションがしやすい	①耐火性に劣り，通常は耐火被覆や耐火塗料が必要 ②錆による劣化が起こりやすい ③溶接接合部の品質のばらつきがある
木造	①軽く，重量の割には強度が大きい ②経年変化が少ない ③テクスチャーが柔らかい ④ CO_2 の排出量が少ない	①耐火性には劣る。ただし，大断面部材では表面が炭化して内部が残る ②無処理では腐りやすい ③強度のばらつきが大きい ④接合部が弱点で剛接合は困難

(3) 構造種別の選択

構造種別の選択にはさまざまな要因が考えられるが，おおむね下記のようなことで決定される。

- デザインの志向，建物の形態，テクスチャー
- 空間構成，架構の複雑さ
- 地盤，敷地
- 経済性
- 工期
- 環境配慮

まず，デザインの志向によって選択される場合は，建築が壁の多いマッシブなデザインなのか開放的なデザインなのかによって構造種別が選択されるもので，この決定は建築家のイメージによることが多い。壁の多いマッシブな建物は RC 造を用いて壁を構造として利用することが効果的であり（写 3-1），あるいは木造の軸組工法でつくって壁を耐力壁とすることが考えられる。一方，開放性の高い建物は鉄骨造が適している（写 3-2）。ただし，壁が多い建物であっても，開口が不規則に配置されそのままの形態では壁を構造として利用することが得策でない場合には，鉄骨造として構造を明快につくり，壁は仕上材で表現することもある（写 3-3）。また，コンクリート打放しの表現，木の素材の表現など，テクスチャーのイメージにより構造種別を決めることもある。

写 3-1 壁の多い RC 造

写 3-2 開放的な鉄骨造

写 3-3 壁が不規則につく鉄骨造

JORD
設計　アトリエブンク
所在地　北海道虻田郡
竣工年月　2010 年 1 月
延床面積　544 ㎡
階数　地下 2 階地上 3 階建
構造種別　RC, S

2 番目としては，空間や架構の複雑さによって構造種別を選択することがある。例えばスキップフロアの建物では，RC 造のラーメン構造を用いると短柱の部分に応力集中が生じるため構造的には対応が困難となることが多く，鉄骨造を選択することがよい。写 3-4，図 3-1 はその一例「JORD」である。また，3 次元的な複雑な架構形態となる場合では，RC 造とすると交差部の配筋が入り組み，型枠製作も困難となるため鉄骨造を選択することがある。

写 3-4 スキップフロアの住宅

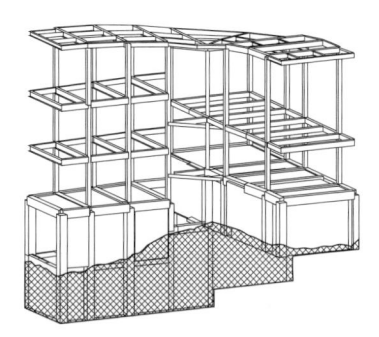

図 3-1 架構モデル図

3 番目は地盤や敷地の関係によって，構造種別が選択されることである。建物を軽量化することによって杭が不要になる場合に，RC 造よりは鉄骨造，さらには木造が選択されることなどである。敷地が狭いかあるいは搬入路が狭いことにより，建方用の重機が使用できないことや，部材の搬入が困難であったりすることにより鉄骨造が不向きで RC 造や木造を用いることもある。

4 番目として，経済性の要因がある。特に低層の住宅の場合にはコストの制約から構造種別を先に決定し，それによって実現可能なデザインを考えていくことがある。架構形態が同じであっても，RC 造と鉄骨造のコスト比較を行って決めることもある。

5 番目として，施工時間を短縮することが要因となって構造種別が選択され，RC 造ではなく鉄骨造や木造のほうが選択されることがある。特に仮設建築では施工が短期間に行え，また解体が簡易に行われることを考慮して木造や鉄骨造が選択されることが多い。写真 3-5 は 3 か月間のみ使用した海の家であり，木造でつくった。写真 3-6 は 6 か月間使用された博覧会施設であり，鉄骨造でつくった。

写 3-5 木造で建設した海の家 　　写 3-6 鉄骨造の博覧会パビリオン

　最後の項目として，近年では環境配慮の観点から構造種別を選ぶこともあり，その意味でプレキャストコンクリートや木造が選ばれるようにもなってきた。
　以上に述べた構造種別の選択は標準的なものであり，これと異なった判断により構造種別の選択が行われることもある。また，建物のそれぞれの部位で適切な構造種別を用いる「ハイブリッド構造」を視野に入れると，選択肢はさらに広がる。

3.2　接合部の計画

　構造形式・構造種別を決めると，それぞれの部位で応力に対応した部材断面を決めることになるが，その際には接合部の計画も重要である。同じ形態の架構であっても，接合部のつくり方によっては部材の応力や変形状態が異なってくるため，接合部の設計は常に全体の構造システムとも関連が深い。接合部は力学的な性能だけではなく，施工性やコストを考慮して設計する必要があり，また時には接合部の形態そのものがデザインとしての要素となることもあり，意匠的な配慮が必要な場合もある。
　構造物を構成している部材は，本来はボリュームをもったものであるが，実用的には簡便化されたモデル，つまり線材や面材などとして応力をマクロに捉えるモデルとして扱われることが多い（図 3-2）。接合部は複雑な 3 次元的なボリュームをもったものであるが，部材のモデル化と一体で考える場合には，同じようにマクロなモデル化がされ

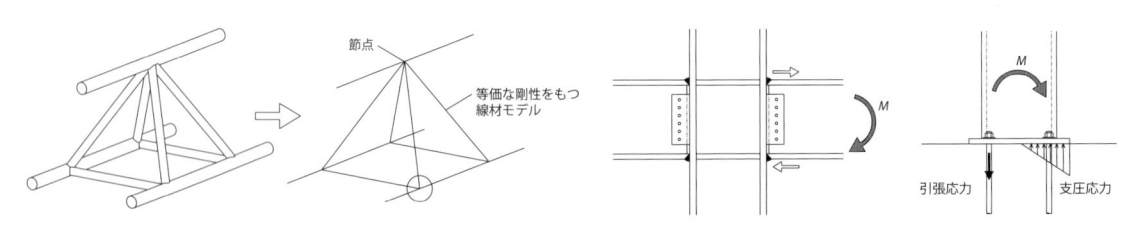

図 3-2　接合部のモデル化　　図 3-3　マクロな応力と局所的な応力

る。部材を線材モデルとした場合には，接合部そのものは単なる点として表現されるが，接合部の剛性を考慮することで力学的な特性をある程度評価することができ，マクロな力のやり取りが解析結果として得られる。接合部の詳細な検討を行う場合には，マクロなモデルで得られた応力から局所的な応力を求める必要がある。具体例を挙げると，鉄骨構造の接合部での曲げモーメントやせん断力が得られている場合に，フランジとウェブの応力に分解してそれぞれの部位の検討を行うこと，あるいは鉄骨柱脚に作用する曲げモーメントをコンクリートの支圧，アンカーボルトの引張り，ベースプレートの曲げなどの力に変換し，それぞれの部位を検討することなどである（図3-3）。

　接合部の状態を表す用語として，剛接合，ピン接合という表現がよく使われるが，実際には6つの変位自由度（3方向の並進と3方向の回転）に対してそれぞれ独立した剛性をもっている。これらはそれぞれの自由度に対して力（軸力，せん断力，曲げモーメントなど）と変位の関係を結びつけるものであり，大別すると，固定，弾性（もしくは弾塑性），自由の3つの状態を考えるとわかりやすい。実際には完全な固定，完全なピンという理想的な状態はほとんどなく，固定に近い弾性，自由に近い弾性であるが，力学的にみて影響がない場合には簡略化のため理想的な状態を仮定することが行われる（図3-4）。鉄骨柱脚や木造接合部などのように，接合部剛性が応力や変形に与える影響が無視できない場合には弾性剛性として考慮する（図3-5）。一般的に慣用されている簡便なモデルとして，「剛接合」とは並進と回転のいずれもが固定された状態，「ピン接合」とは並進3方向（軸力，せん断力）は固定され，回転（曲げモーメント）に対して自由である状態をいう。ただし，ピン接合であっても回転自由度の中でねじれに関しては固定されている場合もあるし，また，回転に対して1方向のみが自由になっているような状態でも「ピン接合」と呼ぶ場合もあるので，注意が必要である。さらに，「ローラー接合（支持）」という扱いが行われることもあり，これは部材軸に直交する移動が固定され，軸方向の移動や回転が自由である状態を意味しており，エキスパンションジョイントなどでよく利用されている（図3-6）。

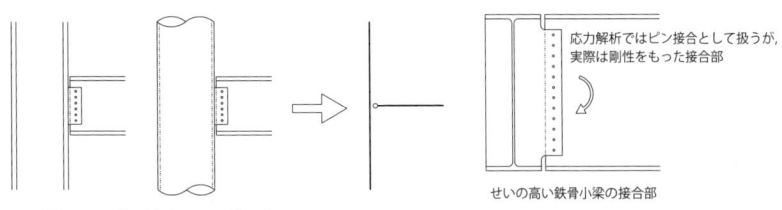

図 3-4 ピン接合のモデル化

応力解析ではピン接合として扱うが，実際は剛性をもった接合部

せいの高い鉄骨小梁の接合部

図 3-5 弾性剛性を持つ接合部

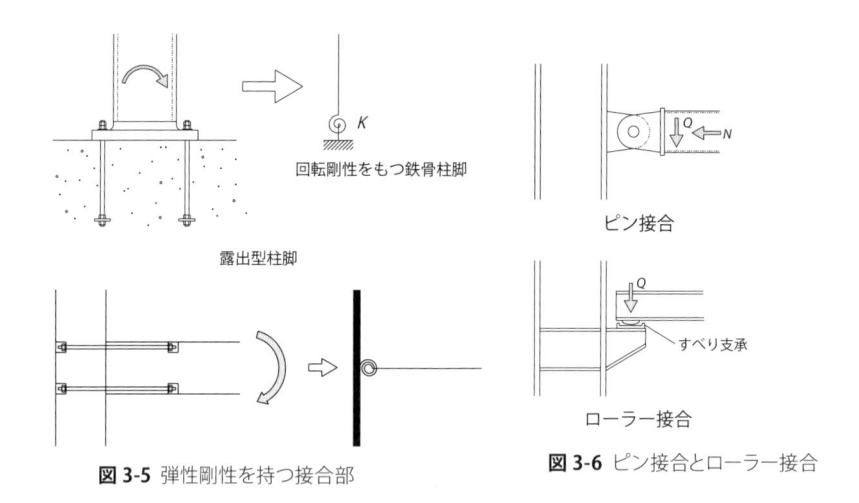

図 3-6 ピン接合とローラー接合

3.3　鉄筋コンクリート造の建物

　　鉄筋コンクリート造（RC造）は連続した自由な形態がつくれることが最大の特徴であり，面部材として用いられた場合に特にこの特徴が発揮される。一方，柱，梁などの軸部材として用いられることも可能であり，ラーメン構造として利用される。床を構成する場合には，梁，スラブといったヒエラルキーをもった部材で構成することも，フラットスラブのように面的な構造だけで構成することも可能である。RC造の適用範囲は広く，比較的低層な建物においては，図3-7に示すように多様な架構形式が適用できる。

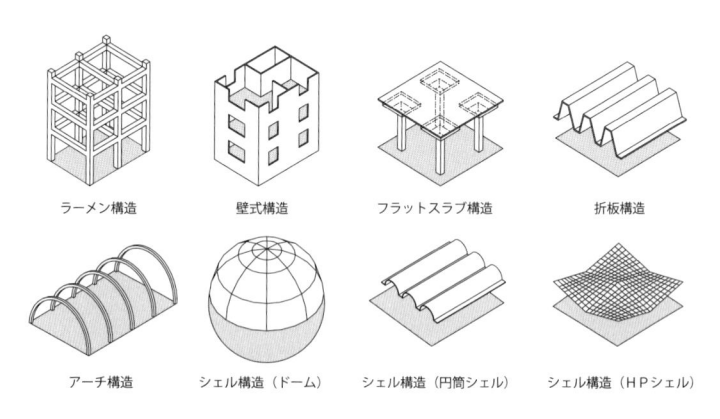

図 3-7 RC造で可能な構造

　　RC造は鉄筋を組んで一体のコンクリートを流し込んで施工するため，その接合部は通常は剛接合となる。このため，柱，梁の一体のラーメン構造としてよく用いられる。接合部を考える際は，断面に見合った配筋量や定着部での鉄筋の納まりが重要であり，過度な配筋はコンクリート充填が困難となり，RC造の本来の性能を生かすことができ

ない。ラーメン構造では，柱や梁の主筋を多くしても柱梁接合部において コンクリートボリュームによって強度が決まるため，過剰な配筋は避けなければならない。柱，梁，壁，スラブはそれぞれの部位により配筋の方法は異なるが，配筋は3次元的なものであることを意識して取り合いを考えることが必要である。鉄筋の継手は，主筋に用いられる径の大きい鉄筋は圧接や機械式継手によって行われ，細径の鉄筋は重ね継手が用いられる。

三方町縄文博物館

縄文時代の住居を模した，お椀を伏せたような丘状の屋根が芝生によって覆われた形態の博物館である。建物内部はほとんどがコンクリート打放し仕上げである。平面形状は楕円形であり，周囲の壁と円筒状の壁によって曲面の屋根が支えられる。中央ホールは不規則な平面形状をしており，円筒シャフトがリング状に不規則に立ち上がり，トップライトとなるスラブの開口がランダムに設けられている。これに適する構造として，方向性のない曲面状の無梁板を採用し，円筒形のシャフトと周囲の壁で支えている。鉄筋コンクリートの面的な特性を生かしたものとなっている。

三方町縄文博物館
設計　横内敏人建築設計事務所
所在地　福井県三方郡
竣工年月　2000年3月
延床面積　2,612㎡
階数　地上2階建
構造種別　RC

写3-7　建物外観

写3-8　中央のホール

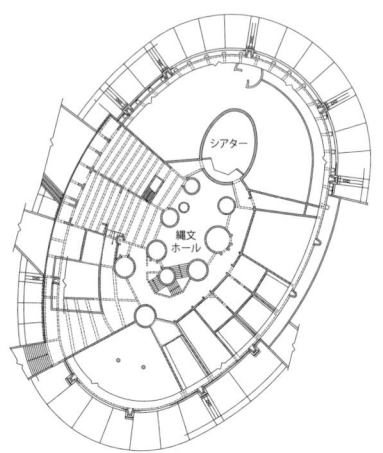

図3-8　1階平面図

写3-9　屋根スラブの施工

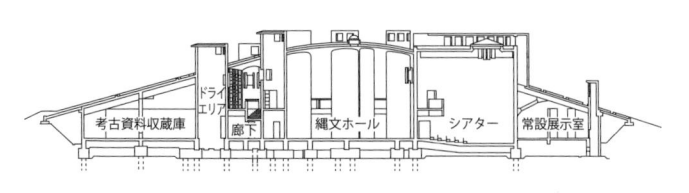

図3-9　断面図

考古資料収蔵庫　廊下　縄文ホール　シアター　常設展示室

ドライエリア

069

雪のまちみらい館

　一つの大きな円を中心として，小さな二つの円が近接してつながった平面形状が印象的な2階建の建物であり，外周にスロープが巡らされていることも特徴である。曲面の壁，フラットな床，スロープが建物を構成する要素となっており，RC造はこれらの形態に適した構造種別である。大きな円は地上から立ち上がった二層の空間であり，外周部に曲面の壁が配され，この壁から片持ちスラブによってスロープがつくられている。小さな円の部分は，2階は閉鎖的な空間で外周に曲面状の壁が巡らされたマッシブな外観であり，1階部分はエントランスキャノピーとしてピロティ状につくられている。

雪のまちみらい館
設計　青木淳建築計画事務所
所在地　新潟県東頸城郡
竣工年月　1999年6月
延床面積　611㎡
階数　地下1階地上2階建
構造種別　RC

写 3-10 建物外観　　**図 3-10** 平面図

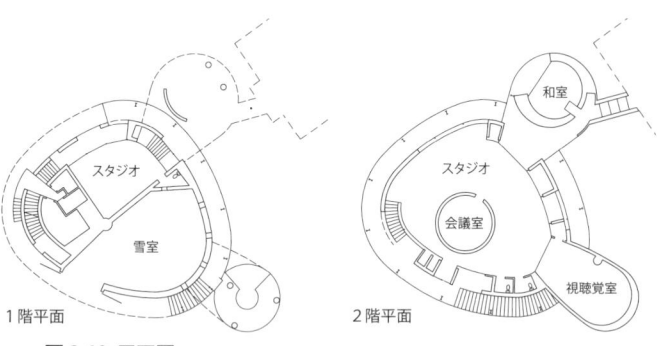

マド・ビル

　道路に面した三面に，市松状の開口部を設けた特徴的な外観をもつ事務所ビルである。厚さ300mmの壁状の構造が建物外周部を覆っており，壁式構造のように室内に柱型，梁型が出ないすっきりとした構造である。実際には，外周部は開口部の間に幅500 (mm) の柱とせい600 (mm) の梁を設け，柱・梁フレームによる耐震壁付きラーメン構造である。床はボイドスラブを用いている。

マド・ビル
設計　アトリエ・ワン
所在地　東京都世田谷区
竣工年月　2006年3月
延床面積　575㎡
階数　地下1階地上3階建
構造種別　RC

写 3-11 建物外観　　**写 3-12** 最上階内観

WEEKEND HOUSE ALLEY

　海に面する敷地に建てられた複合施設であり，あらゆる部屋から海が眺められるように，コンクリート打放しによる地形として表現された大きなマスを分節してつくられた建物である。分節された形に応じて，長方形，台形，三角形の平面形状をしており，それぞれの柱，梁，壁を鉄筋コンクリートでつくり，大きな開口部分を有する面の一部には鉄骨柱を用いて梁断面を小さくして大きな開口部を得ている。建築形態と構造が一体化した建物である。外周部の一面に壁がないために偏心のある構造となるが，直交方向の壁でねじれ抵抗を確保して対応している。一部の建物では，短手方向をラーメン構造とした。

WEEKEND HOUSE ALLEY
設計　千葉学建築計画事務所
所在地　神奈川県鎌倉市
竣工年月　2008年2月
延床面積　2,609㎡
階数　地下1階地上3階建
構造種別　RC

写3-13 建物外観

図3-11 1階平面図

浅草の町家

　RC壁式構造による4層の住宅であり，床に設けられた開口によって内部が緩やかに連続していることが特徴である。コンクリートの面材としての特性を生かし，床，壁とも板の構造とし，それぞれに不規則な開口を設けた。床は曲げ応力の大きさによってフラットスラブとボイドスラブを使い分け，壁は厚さ200～250mmとした。壁の開口位置は床の開口位置と連動しており，床が効率よく支持できることも考慮してその位置を決定している。

浅草の町家
設計　長谷川豪建築設計事務所
所在地　東京都墨田区
竣工年月　2010年12月
延床面積　112㎡
階数　地上4階建
構造種別　RC

写3-14 内観の模型写真

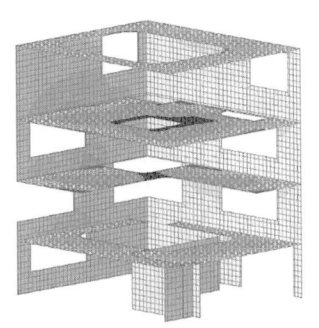

図3-12 鉛直荷重時のFEM解析

3.4 プレキャストコンクリート造・プレストレストコンクリート造の建物

　材料としてはRC造と同じであるが，工場で部材を製作して現場で組み立てる工法としてプレキャストコンクリート造（PCa造）があり，型枠材の低減による環境への配慮が行えること，複雑な形状の部材をつくること，高品質なコンクリートが実現できることなどが特徴である。プレキャストコンクリートは型枠に要するコストが高いため，同じ形状の部材を繰り返し使用できる建物に利用することが効果的である。

　RC造は引張力を鉄筋によって抵抗する構造であり、引張側のコンクリートが有効に利用されていない。その弱点を補う工法として，プレストレスコンクリート造（PS造）がある。プレストレス構造の特徴は，コンクリートに引張力を生じさせないか，もしくは引張り強度以下とすることにより部材断面を有効に利用し，結果として部材断面を小さくできることである（図3-13）。プレストレスの与え方としてプレテンション方式とポストテンション方式とがあり，前者は工場でプレストレスを与えるものであり，プレキャストコンクリートに用いられる。ポストテンション方式は，現場打ちコンクリートおよびプレキャストコンクリートの両方に用いられ，現場でPCa部材架設後もしくは現場打ちコンクリートの強度出現後にストレスを与える。

　プレストレス構造では，定着部分は通常の鉄筋の納まりに加えて定着体が配されるので，それらの位置関係を考慮して，部材の大きさや配筋を決めることが重要である（図3-13）。また，不静定架構にプレストレスを導入すると不静定二次応力が生じるので，断面決定時に考慮することが必要となる。

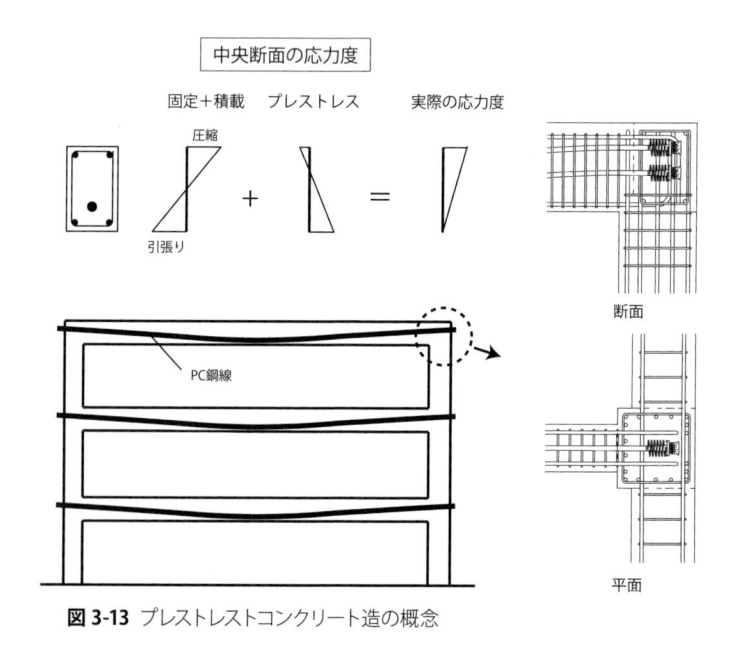

図 3-13 プレストレストコンクリート造の概念

熱海リフレッシュセンター

建物1階にプールと温泉が一体となったバーデーハウスを配置し，外部空間と一体化させるような雰囲気をもたせ，その上に客室2層を配置した計画である。スパン25.2mの客室部分を，トラス構造によって両端のコア間に架け渡すことが構造設計のテーマであった。現場への搬入路が狭いため，トラス部分を鉄骨造とすると小分割ピースとなり現場組立が煩雑となることが懸念された。デザインとしてもタイル張りのコアと対比するようにコンクリート打放しを表現することを考え，現場打ちのプレストレストコンクリート造を採用した。両側のコア部分は厚さ40～20cmの壁が配置され，トラスと一体となる。客室2層分の荷重を支えるトラス部分のPC鋼線は，上弦材の両端部および下弦材の中央部（引張力の大きい部分）に，より多くのプレストレスが導入されるようにPC鋼線の配置の工夫を行った。斜め材も引張力に応じて中央から端部へのプレストレスを増やし，部材断面を変化させ，トラス構造の力学的明快さを視覚的に表現している（第8章参照）。

熱海リフレッシュセンター
設計　横内敏人＋前川建築設計事務所
構造設計　金箱温春＋横山建築構造設計事務所
所在地　静岡県熱海市
竣工年月　1989年12月
延床面積　3,731㎡
階数　地下1階地上4階建
構造種別　PS, RC

写3-15 建物外観

写3-16 バーデーハウス内観

写3-17 トラス構造

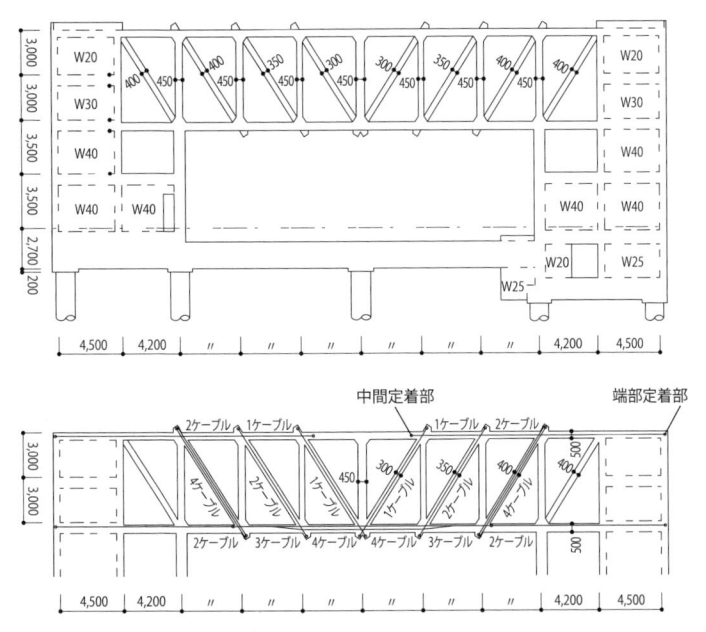

図3-14 軸組図，PC鋼線配線図

新潟市立葛塚中学校〈校舎棟〉

　プレキャストコンクリート造（PCa造）は耐久性の向上や型枠の節約を図れる構造であり，この特徴を生かすべく中学校校舎を計画した。PCa部材をそのまま露出して打放しと同等の表現とし，PCa造の特徴ともなる細かいリブを表現として生かすようにデザインされている。円弧状の幾何学的平面とオーバーハングした断面形状をもつ校舎の柱，梁，床部材を工場製作し，現場においてポストテンション方式により一体化を図っている。平面計画では両端と中間2か所の階段室部分を，耐力壁を有する鉄骨鉄筋コンクリート造として主要な耐震要素とし，全体としてはPCa造とSRC造の混合構造となっている。建物の地震力をSRC造のコアに負担させることで，PCa造部分の負担を軽くして部材サイズの軽減を図った。吹抜け部分では，オーバーハングしたPCa部材の細かいリブの繰り返しのリズムが印象的である。

新潟市立葛塚中学校
設計　安藤忠雄建築研究所
所在地　新潟県新潟市
竣工年月　2004年3月
延床面積　12,839㎡
階数　地下1階地上4階建
構造種別　PCa，RC，SRC，W

写3-18　建物外観

写3-19　吹抜け部のPCaの架構

写3-20　PCa建方状況

写3-21　PCa床スラブ

3.5　鉄骨造の建物

　鉄骨は強度が大きいことや品質が安定していること，プレファブリケーションが可能であることなどの特徴があり，大スパン建築や高層建築はもとより中低層建築や住宅などにも，幅広く使われている。鉄骨部材は圧延という手法でつくられるため，一般的には柱材，梁材，ブレース材など軸部材で使われることが多い（図3-15）。経済的合理性を重んじる観点では部材の重量を最小とするため，同じ重量で部材強度，部材剛性が最大となるような部材選定が行われる。そのため，軸部材ではH形鋼や鋼管，角型鋼管などが主要な部材となっている

が，無垢の部材を使用して極限まで部材外形寸法を小さくすることが近年になって試みられている。また，鉄板を面部材として用いることも行われているが，効率を考えるとリブを設けた鋼板を利用することとなる。

　鉄骨造の接合には溶接やボルトが用いられ，剛接合やピン接合などさまざまな形式が可能である。部材が集結する接合部は工場で溶接によってつくられることが多く，鋳造による一体成型の製作も行われる。鉄骨の接合部はさまざまな方向から部材が集結し，それぞれの力を伝えるために補助的なプレートを付け加えて形成することが多い。接合部の基本的な考え方は，板要素の軸方向応力を板の面内方向の力として伝えることである（図3-16）。ベースプレートなど面外方向の力として伝える場合もあるが，曲げモーメントが生じるので大きな強度が必要とされ板厚は大きくなる。部材が複雑に取り合う場合には力の伝わり方を考えないと部材の強度が発揮されないこともある。写3-22は，多くの部材が複雑な角度で取り付いているため，リブプレートが設けられておらず，適切なディテールとなっていないものである。

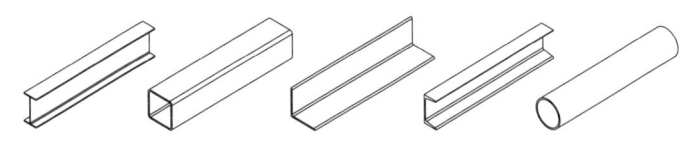

図 3-15 一般的な鉄骨部材

リブのない場合

リブのある場合

リブを設けることにより、ブレースのフランジの負担する力が面内で流れる

露出柱脚では、アンカーボルトの引張力は、ベースプレートに面外曲げモーメントを生じさせる

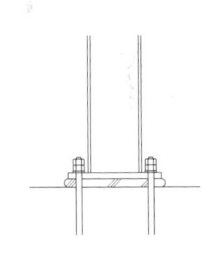

写 3-22 不適切なディテール 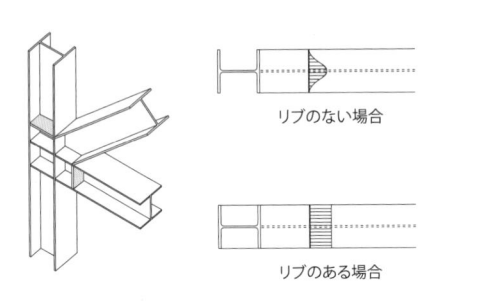　　**図 3-16** 鉄骨の接合部

ココラフロント　SALA TOWER

　事務所・ホテル・店舗などの複合的な施設からなる高層ビルであり，台形の平面形状を基本とし，高さ方向に平面構成が異なっていることが特徴である。吹抜け，平面形状のセットバック，最上部の柱抜けによるオーバーハング部分など複雑な架構となり，主体構造は鉄骨造（柱はCFT柱）を採用した。建物内部に位置する，エレベータや

ココラフロント　SALA TOWER
設計　北山孝二郎＋K計画事務所,
　　　日本設計
所在地　愛知県豊橋市
竣工年月　2008年7月
延床面積　17,990㎡
階数　地下2階地上16階建
構造種別　S, SRC

階段などを含んだ建築的なコアを構造コアとして計画し，柱・梁フレームの中に地震エネルギー吸収のための制震ダンパー（鋼板ハニカムダンパー）を配置している。構造コアが偏在していることを考慮し，コアと反対側の外周面の柱本数を増やして剛性，強度を確保することで，建物の偏心を小さくなるよう配慮した。柱は上下階でなるべく連続させているが，最上部のオーバーハング部分はスパン18mのフィーレンディール架構とした。鉄骨造が，構造の複雑さに対応可能であることのわかる事例である。

写 3-23 建物外観　　**写 3-24** 上層部のオーバーハング架構

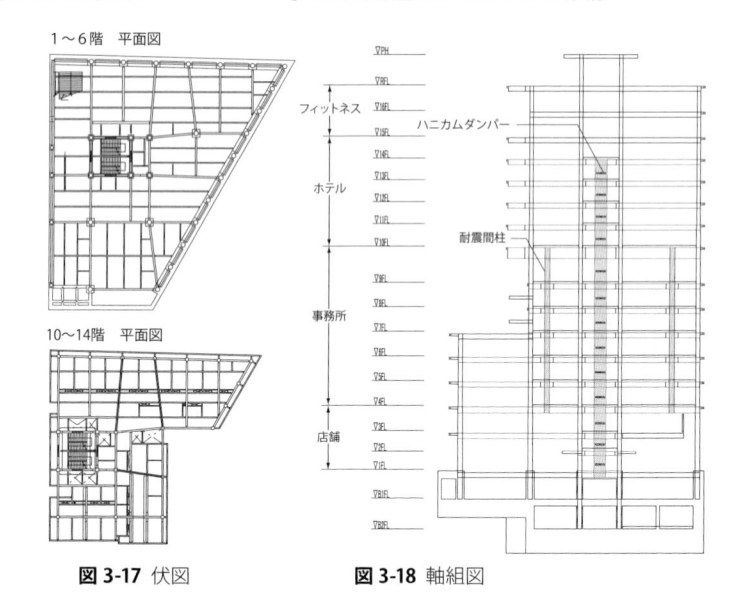

図 3-17 伏図　　**図 3-18** 軸組図

広島市立基町高校〈西棟〉

　高校の一部となる建物であり，下層階に体育館と講堂が配置され上部に教室が配置される特殊な構成となっている。上部の教室を支えかつスパン36mの大空間の天井として，構造美を兼ね備えた架構をつくり出すことがテーマとなった。球技で必要とされる高さを確保することを考慮して，上弦材が直線，下弦材がアーチ状の弦材をもつトラ

ス構造を採用した。この構造はトラス構造であるとともに，アーチの効果をもつ。トラスの上弦材はH型鋼，下弦材は鋼管，ラチス材はカットTを用いた。端部では3.6mピッチの下弦材を集約して，7.2mピッチに設けた鉄骨鉄筋コンクリート造の柱に取り付けてスラスト（水平力）を拘束している。下弦材の枝分かれしている部分は，さまざまな角度から部材が取り合ってくるため鋳鋼を用いている。鉄骨は耐火性能を確保するため，FR鋼を用いて耐火設計を行っている。鉄骨架構の表現の可能性を追求したものである。

広島市立基町高校〈西棟〉
設計　原広司＋アトリエ・ファイ建築研究所
所在地　広島県広島市
竣工年月　2000年2月
延床面積　8,781㎡
階数　地上4階建
構造種別　S，SRC

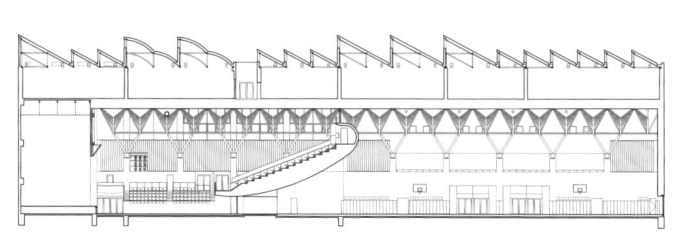

図3-19　断面図

写3-25　体育館内観

写3-26　講堂内観 　　写3-27　トラス端部 　　写3-28　鋳鋼の接合部

リーテム東京工場

　事務室ゾーン，作業所・倉庫ゾーンの二つの建物群と外部のヤードで構成されるリサイクル工場であり，機能性・経済性に加えてデザイン性も重視した工場の実現を目指した。ヤード部分は高さ15mの屋根と7mの塀を設けることが条件となり，浮いた大屋根の構造を計画した。平面的にはL字形であり，敷地外周部の3辺と作業所棟に接する一辺を支え，入隅部を独立柱から枝分かれした4本の支柱で支えている。屋根架構は斜め格子梁を用い，力の流れを均等化してなるべく均一な部材構成とした。力が集約する部分はトラス弦材の役割をもつ鋼管部材を配し，斜め格子梁から連続したラチス材と一体となってキールトラスを構成するように工夫した。力学的にはヒエラルキーのある部材であるが，ヒエラルキーを打ち消し一様に見えることを狙ったものである。鉄骨造の軽快感と，部材構成の多様性を示す事例である。

リーテム東京工場
設計　坂牛卓/O.F.D.A.
所在地　東京都大田区
竣工年月　2005年5月
延床面積　3,994㎡
階数　地上3階建
構造種別　S

写 3-29 建物外観 　　　　　写 3-30 ヤード部分 　　　　　写 3-31 屋根格子梁

桜山の家

　富士山を望む谷合いの敷地に建つ 3 階建の住宅であり，特異な敷地条件とそこから見える眺望を考慮して導き出された不定形な建物ボリュームである。この不定形なボリュームに対して，柱の配置はいかにあるべきかを建築家と議論し，ランダムな斜め柱による構造を採用した。しかし，ランダムな中にも構造的なルールを取り入れ，ランダムに見える柱は 2 本の柱を一組として 5 組のペアをつくり，それぞれの柱は屋根面で一体となる逆 V 字形をなしており，あらゆる方向からの水平力に対してブレース的な抵抗が可能な架構とし，建築計画との整合性を図りつつ位置を決定している。　柱と梁の接合部はディテールを簡略化するためピン接合としており，鋼管柱の外側に円盤状のプレートを差し込むことで複雑な角度に対応している。建物全体としては三角形のフレームで剛性が大きいが中間階の剛性が弱いため，1 階に斜め柱を追加して 2 階床の水平変形を抑えている。

桜山の家
　設計　東京工業大学仙田研究室
　所在地　神奈川県逗子市
　竣工年月　2001 年 4 月
　延床面積　195㎡
　階数　地上 3 階建
　構造種別　S

写 3-32 建物外観 　　　写 3-33 建物内観 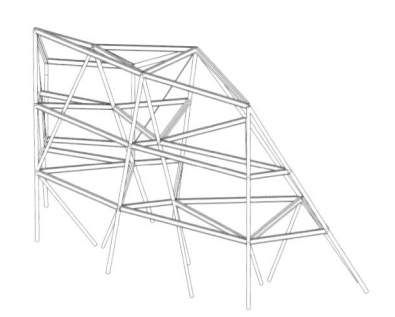　　　図 3-20 架構アクソメ

写 3-34 鉄骨建方 　　　写 3-35 柱梁接合部

ヨウキ

　建物外周が鉄板，パンチングメタル，ガラスによって覆われ，ファサードにグラデーションの効果をもたせた住宅である。外装にガラスを用いた箇所では完成後も構造体が見えるため，透明感を考慮して平鋼柱（FB-28×125）を用いた。平鋼柱は外周の溝形鋼の梁の外側に取り付けているため，柱が2層に渡って伸びているようなスレンダーな印象を与え，特に外部から見た場合にその印象を強く与える。平鋼柱は，2階床部分で柱の横に取り付いている梁材により偏心して座屈補剛されている。この補剛方法については，理論的な検討とともに実験によって検証した[5]（写真3-38）。

　内部の柱や梁にはH形鋼を用い，壁面となる部分にブレースをバランスよく配置して地震力を負担し，外周の架構は鉛直荷重と局部的な風荷重を負担させている。

5) 金箱温春, 竹内徹, 小河利行 : 偏心補剛された平鋼部材の座屈設計法と構造設計事例, 日本建築学会技術報告集, 第26号, 2007.12

ヨウキ
設計　城戸崎和佐建築設計事務所
所在地　東京都葛飾区
竣工年月　2005年7月
延床面積　160㎡
階数　地上2階建
構造種別　S

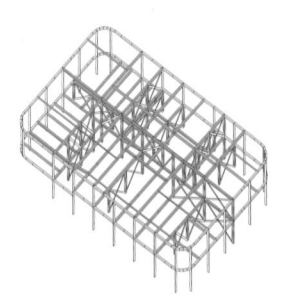

図3-21 架構アクソメ
写3-36 建物外観 
写3-37 建物内観 
写3-38 偏心補剛した平鋼柱の座屈実験 

hhstyle.com/casa

　表参道から脇に入った遊歩道沿いに建つ店舗であり，鉄骨を面として表現した建築である。折り紙を折り重ねたような不定型なボリュームを，リブ付き鉄板による外殻構造によって実現した。内部は，スキップフロアの床があり，建物中央部のRC造階段室の構造体と外周の鉄板壁の間に鉄骨造の床を設けている。

　壁と屋根を構成する鉄板は，屋根は板厚12mm，壁は板厚16mmとし，せい75mmのFBのリブを約400mmピッチで配することにより，鉄板の曲げ剛性や圧縮力に対する座屈耐力を高めた。敷地・搬入・施工条件などを考慮して鉄板の大きさが決められ，それらを組み立てた後に現場溶接により一体化した（写3-41）。

hhstyle.com/casa
設計　安藤忠雄建築研究所
所在地　東京都渋谷区
竣工年月　2005年2月
延床面積　470㎡
階数　地下1階地上2階建
構造種別　S, RC

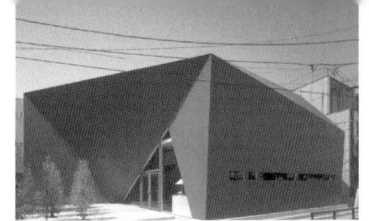

写 3-39 建物外観 　　写 3-40 建物内観 　　写 3-41 鉄板建方

江東の住宅

狭小敷地に建つ住宅で，建物の軽量化と，狭小敷地の間口いっぱいに建てることを考慮し，床，壁，屋根と仕上材を兼ねたリブ付きの鉄板で組み立てる構造とした。鉄板は，厚さ 4.5mm の鉄板に約 900mm ピッチで H 形鋼，溝形鋼，山形鋼のリブを取り付けたもの，これにより鉛直荷重と地震荷重に抵抗するシステムである。プレファブ化を図り，運搬可能な大きさのピースとして壁を 9 ピース，床を 3 ピース，屋根を 3 ピースに分けそれぞれを工場製作し，現場におけるパネルどうしの接合は，端部の溝形鋼や山形鋼は高力ボルトで接合し，鉄板は溶接接合を行っている。

江東の住宅
設計　佐藤光彦建築設計事務所
所在地　東京都江東区
竣工年月　2003 年 3 月
延床面積　64㎡
階数　地上 2 階建
構造種別　S

写 3-42 建物外観 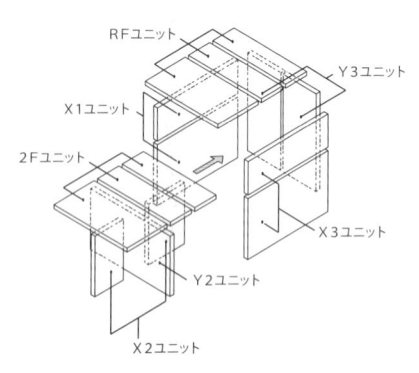　　図 3-22 ユニットの構造

写 3-43 鉄骨建方 　　写 3-44 ユニットの組立

2005 年日本国際博覧会　トヨタグループ館

長径 46m，短径 40m の長円形の平面形状で，高さが 30m のシアターを中心とした施設であり，リユースを配慮した部材の選定や接合部の計画が特徴となっている。主要構造部材のリユースは材料規格

**2005年日本国際博覧会
トヨタグループ館**
設計　みかんぐみ
構造基本設計　金箱構造設計事務所
構造実施設計　大林組名古屋支店
所在地　愛知県愛知郡
竣工年月　2004年3月
延床面積　4,879㎡
階数　地下1階地上2階建
構造種別　S

証明などの書類整備がネックとなって普及し難いが，それに比べると二次部材のリユースは可能性が大きいと考え，柱・梁部材にC-100×50の軽量リップ溝型鋼の使用を計画した。リユースを徹底するため，部材の穴開けを最小とする接合方法を考案した。0.75mのピッチで柱を円周状に並べ，外周に3重の架構をつくり，円周方向，放射方向の壁面および水平面にブレースを配置する架構とした。部材配置を工夫して2方向の梁のレベルをずらし，柱と梁の接合部では柱と1方向の梁のみの部材が取り合うようにした。軽量リップ溝型鋼の接合部は2本（柱がダブルの場合は3本）の部材を外側から2枚の締結金物で挟み，それらを高力ボルトで締め付けて金物と部材の摩擦力で力を伝える方法とした。このプロジェクトの後，同じ建築家とC型鋼を主体構造とする小学校を計画した（第5章参照）。

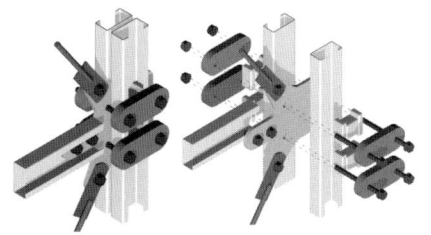

写 3-45 建物外観　　**図 3-23** 接合部のシステム　　**写 3-46** 接合部

3.6　木質構造の建物

　　木質材料は天然材料であり，強度のばらつきが大きいこと，方向によって強度が異なること（異方性，図3-24），樹種や含水率によっても強度が異なることなどが特徴である。構造計算を行って設計する場合には材料の強度を設定することが必要であり，樹種と目視等級区分でおおよその許容応力度を決めることができるが，より正確に評価することが必要な場合には機械等級区分材や集成材など，強度管理された材料を使う。ただし，JAS規格内であっても入手困難な材料もあるため使用可能かどうかは設計時に把握することが必要である。

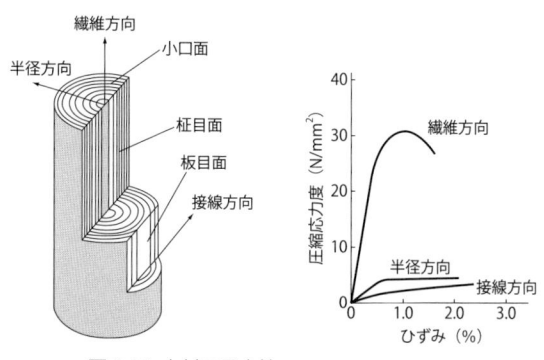

図 3-24 木材の異方性

木質構造の構造形式を大別すると，在来軸組構法，枠組壁工法，大断面集成材工法に分類される。このうち，枠組壁工法は構造用合板と枠材とで一体化した耐力壁を用いて構成していくため，架構のバリエーションは多くないが，在来軸組構法や大断面集成材工法では耐震要素の構成によっていくつかの種類が可能となる。図3-25に，その組合せを示す。

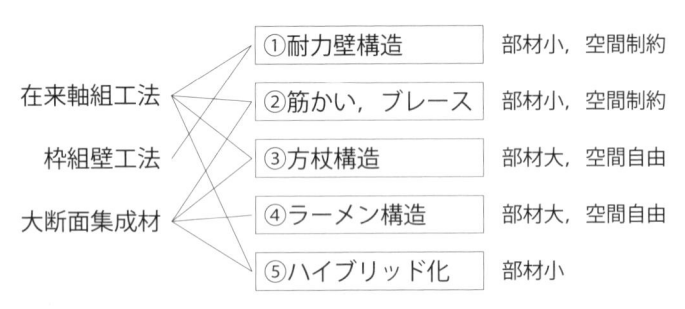

```
在来軸組工法 ─┐  ┌─①耐力壁構造─── 部材小，空間制約
              ├──┤
              │  ├─②筋かい，ブレース─ 部材小，空間制約
枠組壁工法 ────┼──┤
              │  ├─③方杖構造───── 部材大，空間自由
              │  │
大断面集成材 ──┘  ├─④ラーメン構造── 部材大，空間自由
                  │
                  └─⑤ハイブリッド化── 部材小
```

図 3-25 木質構造の構造システム

木造の接合部における力の伝達のメカニズムは，木と木による伝達あるいは木とファスナーによる伝達があり，また繊維方向と繊維直交方向の強度・剛性の違いがあるなど，力学的には複雑なものである。ほとんどの接合は木材のめり込みによって接合部の強度が決まるため，一般的には部材強度の30％程度以下の力しか接合部では伝えることはできない。そのため，部材の大きさは接合部で決まることもある。

接合形式の種類としては，①在来仕口や継手によるもの，②接合具によるもの，③特殊な金物とボルト，ドリフトピンなどの接合具を用いて接合するものがある。①の場合は，木の支圧やせん断による力の伝達であり強度は小さい。②では，木材に接合具を留めつけるものであり，接合具によって接合部の強度が決まる。③はさらに大きな強度を必要とする場合に用いられ，木材と接合具の組合せ，接合具の配置により強度が決まる。

縄文プラザ

木造の在来軸組工法による物販施設であり，柱や梁に丸太を用いて素朴な雰囲気の木造建築とすることや開放的な建築とすることが求められた。柱は直径30cmの丸太，梁は太鼓落とし材（丸太を切り揃えたもの）を用い，梁間方向では柱と梁の間に方杖を設けた構造として水平力に抵抗している。長手方向は端部に耐力壁を配置し，水平力に抵抗させている。仕口・継手部分は在来工法によるものとし，端部を加工した梁材を柱に挟み込み，接合具を補助的に用いることで，木の素材を表現した空間をつくっている。

縄文プラザ
設計　横内敏人建築設計事務所
所在地　福井県三方郡
竣工年月　2002年2月
延床面積　583m²
階数　地上2階建
構造種別　W

写 3-47 建物外観

写 3-48 建物内観

写 3-49 柱と梁の仕口

スウェー・ハウス

木造の在来軸組工法による住宅で，外壁がねじれたHP面になっていることや中央のらせん階段を取り巻くようにスキップフロアで内部の床が構成されていることが特徴である。外周部に構造用合板を用いた耐力壁を配し，室内側ではスキップフロアの床の段差部をつないで部分的に耐力壁を設け，床の一体性を確保している。在来軸組工法によって吹抜けやスキップフロアのある建物を計画する場合には，耐力壁の配置とそこに力を伝える経路となる床のつくり方に留意する必要がある。

スウェー・ハウス
設計　アトリエ・ワン
所在地　東京都世田谷区
竣工年月　2008年10月
延床面積　107㎡
階数　地上3階建
構造種別　W

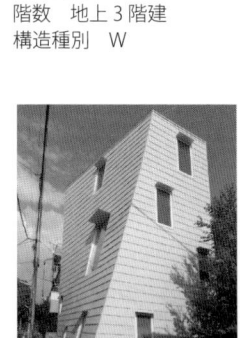

写 3-50 建物外観

写 3-51 木造軸組

写 3-52 建物内観

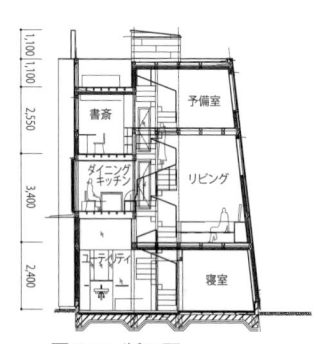

図 3-26 断面図

駿府教会

トップライトからの自然光が印象的な木造の教会で，礼拝堂は10×10mの平面的な大きさをもち，高さは約9mである。柱，梁ともに900mmピッチで配置した木造トラスを用い，トラスの部材の間に自然光を取り込む空間として利用している。光の入り方を考慮し，構成部材は小断面のものとした。柱は弦材をLVLの90×90mm，ラチス材を30×70mmの部材とし，梁は弦材を120×180mm，ラチス材を90×90mmおよび45×90mmで構成した。部材が小さいため接合部はコンパクトなものとすることが必要であり，簡易な金物とボルトや木ねじを用いた簡便な接合とした。地震力は外周に設けた構造用合板による耐力壁で抵抗し，壁面の面外方向の風圧力に対しては木造トラス柱で抵抗している。

駿府教会
設計　西沢大良建築設計事務所
所在地　静岡県静岡市
竣工年月　2008年5月
延床面積　313㎡
階数　地上2階建
構造種別　W

写 3-53 建物外観

写 3-54 建物内観

写 3-55 木造軸組

写 3-56 トラス柱

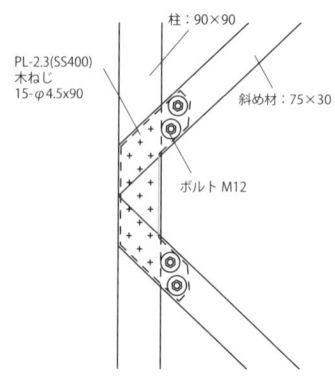

図 3-27 トラス柱詳細図

猿島公園施設

木質集成材を用いた公園施設である。円弧状の平面と勾配屋根が特徴であり、建物の内部は一体とした空間とすることが求められた。短手方向は直線部材およびアーチ部材による方杖構造を採用することで、接合部は簡易なピン接合であるが、全体の架構としてはラーメン構造に近い状態となって地震力に抵抗する架構とした。長手方向には断続的に耐力壁を配置している。

猿島公園施設
設計　仙田満＋環境デザイン研究所
所在地　神奈川県横須賀市
竣工年月　2006 年 7 月
延床面積　405㎡
階数　地上 2 階建
構造種別　W

写 3-57 建物外観

写 3-58 建物内観

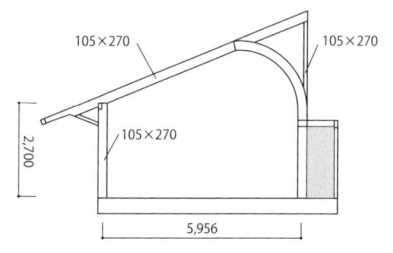

図 3-28 軸組図

瓜連小学校体育館

一辺 30m の正方形平面を方形屋根で覆った体育館であり、大断面集成材を使用した。スリーヒンジアーチを対角線から 22.5 度ずつ振り分け、45 度ずつ回転させた構造とし、外周にテンション材を配置することで、アーチが外側に向かって広がろうとする変形を立体的に抑

瓜連小学校体育館
設計　三上建築事務所
構造設計　横山建築構造設計事務所（担当：金箱温春）
所在地　茨城県那珂郡
竣工年月　1992年3月
延床面積　1,213㎡
階数　地上2階建
構造種別　W

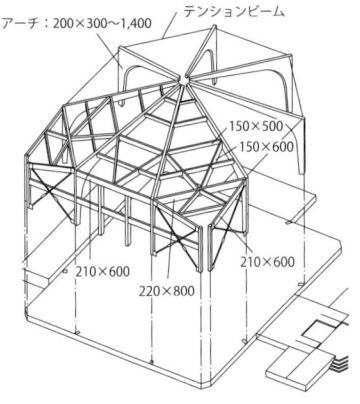

図 3-29　構造システム

えている。したがって，並列して配置されるスリーヒンジアーチに比べると，剛性や強度が高められて効率のよい構造となる。アーチ部材は屈曲する部分の応力が大きいので，その応力状態に合わせてアーチ部材のせいを変化させ，中心部や柱脚では部材せいが小さくなっている。中心の部材の集まる接合部では，すべての部材から圧縮力が作用して釣り合いが保たれるため，接合部は部材小口の支圧力が伝達可能で，かつずれ止めの役目をもった簡易な金物を上部に配している。そのためアリーナ天井面では，部材が集結しただけの単純なディテールで表現されている。

写 3-59　建物内観

写 3-60　中央の接合部

八代の保育園

平屋建の保育園を，熊本県産の木材を用いてつくることを計画した。建物全体として部屋が連なり一体の木造屋根で覆われているという建築のイメージを表現するために，屋根の構造として斜め格子梁を用いている。木造格子梁をローコストでつくるために，製材と構造用合板を用いた複合梁を平板の接合金物とボルト，釘でつくる構造システムを考案した。せい78cm，厚み7.8cmの扁平な木造梁をつくり，グリッドは製材と合板の流通サイズから1.8mとした。3.6mの梁の中央部位に直交方向の梁が取り合い，フランジ部分はプレートとボルトにより，ウェブ部分は合板と釘およびボルトで力を伝えるメカニズムである（図3-30）。また，木造在来軸組工法であるため耐力壁が必要であり，園庭側の壁にパンチングメタルを用いて開放的な耐力壁を実現した。

八代の保育園
設計　みかんぐみ
所在地　熊本県八代市
竣工年月　2001年3月
延床面積　664㎡
階数　地上1階建
構造種別　W

写 3-61　建物外観

写 3-62　木造の斜め格子梁

図 3-30 格子梁の構成

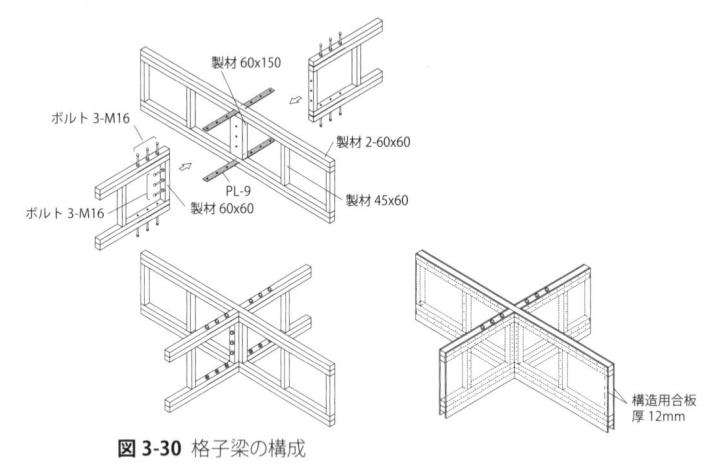

写 3-63 パンチングメタル耐力壁

きききの吊り橋

この橋は、駐車場から対岸の博物館にアプローチする役割をもつもので、屋根を有する建築物として扱われた。幅約60mの谷に架けられ、半径100mの緩やかな円弧を描き、約87mの長さをもつ木造吊り橋である（図3-31）。一辺3.2mのダイヤモンド形の中心部を円形にくり抜いた断面が円弧状に並び、上下左右の隅角部に折れ線状に弦材を設けて、各面にX形のラチス材を設けた構造としている。両端は鉄筋コンクリート造の橋脚で支え、中間は橋の脇に建てた支柱からロッドによって吊り下げている。部材には地元産のカラマツによる集成材を用い、トラス部材の節点にあたる部分はプレート加工の接合金物を用いて、集成材をドリフトピンで留めている。

きききの吊り橋
設計　仙田満＋環境デザイン研究所
所在地　岩手県一戸町
竣工年月　2002年3月
構造種別　W

写 3-64 橋の外観

写 3-65 橋の内部

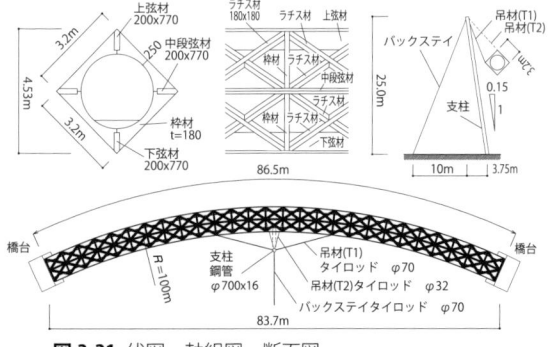

図 3-31 伏図，軸組図，断面図

【第4章】

ハイブリッド構造

4.1　ハイブリッド構造の意義と分類

　第3章ではそれぞれの構造材料について，その特性と構造計画の事例を紹介した。本章では，鉄骨，RC，木造などの構造材料を単独に用いるのではなく，それらを組み合わせて構造部材や構造システムを形成する構造計画について述べる。一つの建築物で複数の構造種別を用いることは，法的には「構造の併用」と表現されているが，その他にも「混合構造」「ハイブリッド構造」などと呼ばれている[6]。建物構造は単純で明快なものがよいとされているが，複雑で多機能化した現代建築に対しては，純粋な構造よりも適材適所の発想に基づく構造のほうが合理的な場合もある。ハイブリッド構造は材料や架構を組み合わせることによりそれぞれの長所を生かし，全体として性能の優れたシステムを構成するものである。純粋な構造システムと比べると，構造種別が増えるため力学性状の把握に留意すること，またディテールや施工に対する配慮が必要となる。

　ハイブリッド構造を大別すると，部材が複数の構造種別によって構成されているものと，骨組（構造システム）として複数の構造種別によって構成されているものとに区分できる。前者の「部材のハイブリッド」は，木造と鉄骨あるいはRCと鉄骨を組み合わせてつくった梁などがあり，それぞれの部材が負担する応力は異なる。例えば，鉄骨を引張材として使用したハイブリッド部材において，鉄骨部材は最小断面として目立たない部材とすることができるため，RC造や木造で軽快なイメージをもつ新しい構造架構の表現となることがある（図4-1）。複合された部材という意味では，CFT柱やコンクリートスラブと鉄骨梁の複合梁もあるが，これらは一体化して一つの部材のように扱われているため，ここで述べている意味でのハイブリッドとは呼ばない（図4-2）。

　骨組（構造システム）のハイブリッドは，架構が異なった部材種別で組み合わされているものであり，組合せ方によって平面的な併用（A，B），上下階の併用（C），骨組の併用（D），方向別の併用（E）に分類できる。図4-3，表4-1に，その内容を示す。第1章で紹介した遊水館は，構造システムのハイブリッドの典型的なものである。

[6]「ハイブリッド構造」は今ではなじみのある言葉であるが，法令や学術的には用いられていない。この言葉は，1980年代の後半ごろから設計者の間で用いられてきている。この言葉が公の場で用いられたものとして，1992年7月号の『建築雑誌』において「ハイブリッド構造の開く未来」という特集がある。また，『建築技術』1998年1月号には「ハイブリッド構造」の特集が掲載されている。

図 4-1 ハイブリッド部材

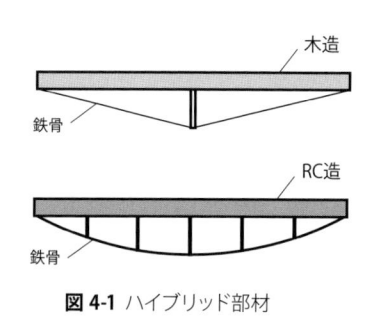

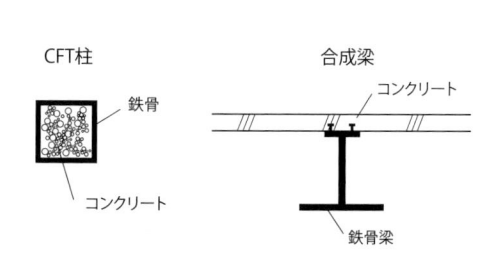

図 4-2 ハイブリッド的な一般部材

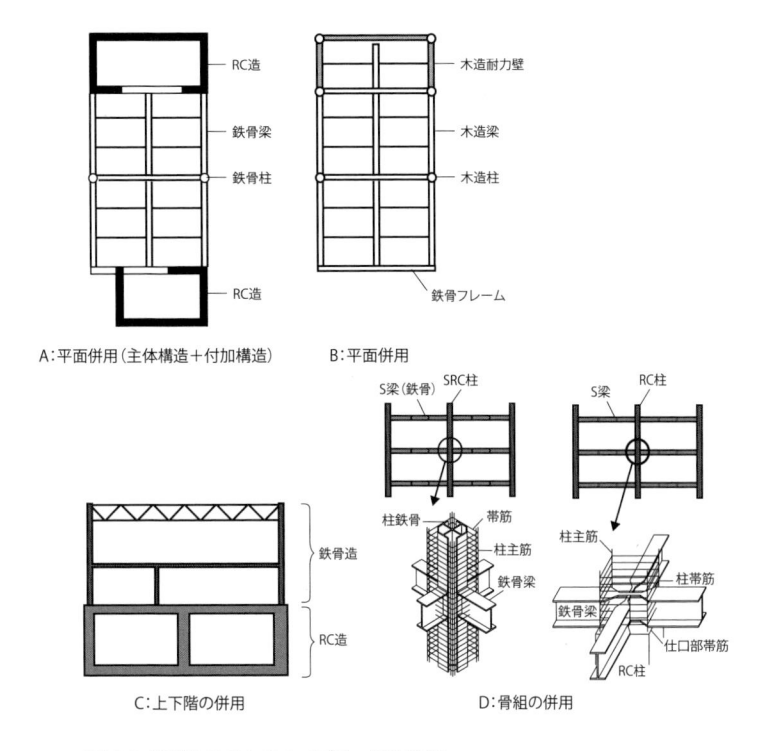

図 4-3 構造システムのハイブリッドの分類

　平面的な併用は水平力を負担する構造種別の構成によってさらに分類され，1種類の構造で水平力負担をするもの（A）と，2種類以上の構造で水平力負担をするもの（B）とに分けられる。

　Aは「主体構造＋付加構造」というグループであり，耐震設計を考えた場合に主たる耐震要素が1種類であり，それに他の構造種別が付加されているというものである。付加されている構造部位の内容によって，さらにA-1からA-4までの4種類に分類している。A-1は柱に付加構造が用いられているものであり，RC造の建物における鉄骨柱の使用，木造建物における鉄骨柱の使用などが想定され，いずれも鉛直荷重を支持するための役割である。鉄骨柱では柱頭，柱脚が完全なピン接合されている場合には地震力は負担しないが，ベースプレートやトッププレートを用いたディテールでは，ある程度の固定度が生じるため曲げモーメントやせん断力が生じる場合もある。一般的には，この時に生じる応力はかなり小さく無視できるものである。A-2は梁（床構造）に付加構造が用いられているもので，付加された構造は鉛直荷重を支える役割となっている。A-3，4は柱，梁に付加構造が用いられているものであるが，平面的な位置関係によって囲み型をA-3，突出型をA-4としている。これらの違いは，付加部分の地震力を主体構造に伝達する際の地震力評価にある。囲み型では，付加構造部分の床の地震力は層に作用する慣性力と同じ程度と考えてよ

表 4-1 構造システムのハイブリッドの分類

	種類	概要図	構成		内容・問題点
平面併用	A-1 主体構造＋付加構造（柱）	（断面：ハッチ部分が主体，細線が付加構造）	主体構造	付加構造	・主体構造のみで耐震設計が成立する ・付加構造部分に加わる地震力の検討
			RC(SRC)	S	
			RC(SRC)	W	
			W	S	
	A-2 主体構造＋付加構造（梁）	（断面：ハッチ部分が主体，細線が付加構造）	主体構造	付加構造	・主体構造のみで耐震設計が成立する ・付加構造部分の地震力の伝達が確保されている
			RC(SRC)	W	
			W	S	
	A-3 主体構造＋付加構造（柱・梁）	（断面）（平面）	主体構造	付加構造	・主体構造のみで耐震設計が成立する ・付加構造部分の地震力の伝達が確保されている
			RC(SRC)	S	
			RC(SRC)	W	
			W	S	
			S	W	
	A-4 主体構造＋付加構造（柱・梁）	（断面）（平面）	主体構造	付加構造	・主体構造のみで耐震設計が成立する ・付加構造部分の地震力の伝達が確保されている ・付加構造は突出部として地震力評価
			RC(SRC)	S	
			RC(SRC)	W	
			W	S	
			S	W	
	B 平面併用	（断面）（平面）耐震要素2種類 ① ②	主体構造	付加構造	・耐震要素が2種類以上ある ・それぞれの部分が負担する地震力の評価 ・変形性能（D_s）の評価
			RC(SRC)	S	
			RC(SRC)	W	
			W	S	
			S	W	
C 上下階の併用		（断面）	主体構造	付加構造	・剛性率の計算 ・D_sの算定方法 ・保有水平耐力計算における外力分布
			RC(SRC)	S	
			RC(SRC)	W	
			S	W	
D 骨組の併用		（断面）梁S 柱	主体構造	付加構造	・D_sの決定方法はヒンジの生じる部分に着目する
			RC(SRC)	S	
E 方向別併用		（平面）RC SRC	主体構造	付加構造	・方向別に計算する
			SRC	RC	
			SRC	S	

いが，突出型では局部震度（1.0Z）を使用するなど，地震力を適宜割増して考えることが必要となる[7]。いずれの場合も，付加構造部分に作用する慣性力を主体構造に確実に伝えることが重要であり，異種構造間の接合部，具体的には鉄骨造や木造とRC造との接合ディテールが重要である。

Bのハイブリッド構造は，同一の階で複数の構造種別により地震力負担が行われているもので，木造と鉄骨造の組み合わせなどが想定される。弾性範囲では応力解析においてそれぞれの構造の剛性のばらつきを考慮すること，保有水平耐力計算においては崩壊メカニズムの決め方やD_Sの評価などに関して検討が必要であり，不確定な要素が多いため十分な余裕をもって設計することが必要となる。

Cに分類されている上下階のハイブリッド構造では，それぞれの階では1種類の構造として考えればよいが，剛性が急変することへの対応や保有水平耐力計算における特殊な配慮が必要となる。

Dは柱と梁の構造種別が異なり，かつ地震力負担を一体として行うものである。保有水平耐力計算を行う場合には，ヒンジができる部材に着目してD_Sを決定することが原則となる。

Eは方向別のハイブリッド構造であり，それぞれの方向で構造種別に対応して検討を行う。

ハイブリッド構造を用いる場合は，その意義と目的を十分に認識する必要がある。例えば，部材のハイブリッドとして図4-1のようにRC造の部材と他部材を組み合わせた場合や，表中のA-1のような場合にはRC造梁部材を小さくすることができ，材料の有効利用としての意義がある。また，表中のA-2, A-3のようにRC造の耐震要素と木造を組み合わせることにより，木造の温かみをもちつつ開放的な建築をつくることができデザインの展開としての意義がある。さらに，木造と鉄骨造の組合せにより接合部を簡略する工法的な意義がある。

力学性状を評価する際の留意点として，それぞれの剛性を適確に評価して応力を把握し，それに見合った部材断面を決めること，異種構造間の力の伝達を的確に評価することがある。ハイブリッド構造の種類によっては，それぞれの構造種別の剛性評価のばらつきが応力に影響を及ぼす場合がある。例えば，コンクリートの弾性係数は強度に関係し，一般的には強度は設計で想定しているものより大きいことから，弾性係数も大きいと考えられる。RC造だけの建物においては，建物全体で同じように弾性係数が変動しているとすると，各部の応力に及ぼす影響は小さい。ところがRC造と鉄骨造との平面的なハイブリッドの場合には，剛性の違いにより各部が負担する応力に影響が生じることがある。

---

[7] 平成19年告示594号第2，三号において，建物から2m以上の突出部については，1.0Z以上の水平力により許容応力度計算を行うことが定められた。

4.2　部材のハイブリッド

モヤヒルズ

　スキー場の中心施設であり，RC造の下部構造の上に木造の大屋根を架けたものである。大屋根は大きさが長辺方向は86m，短辺方向は14〜22mと中央が膨らんだ形であり，12mグリッドのRC柱によって支えられている。構造は2方向木造トラス梁であり，すべてを木造で計画した場合には，接合部の金物が複雑となりコストがオーバーする。代替案として弦材のみに集成材を用い，束材とラチス材は鉄骨部材とした。束材，ラチス材に鉄骨部材を用いたことで，接合部は一体の鉄骨で処理し，木造部材のディテールは単純化された。2方向の弦材のレベルをずらし，弦材が接合部で切れることなく連続させることで部材の交点のディテールをさらに簡略化させた。一般部分のラチス材は引張材として丸鋼を用いて存在感を減らし，木の存在が強調されることを意図した。柱間に架け渡した大梁に相当するトラスのラチス材は，応力が大きいためH形鋼を用いた。トラス交点の束材は角形鋼管を用い，集成材は鋼管を挟み込んでボルト止めとし，ラチス材の鉄骨はプレートまたはH形鋼を介して角形鋼管と応力の伝達を行えるようにした。束材に角形鋼管を用いたことで，両方向に掛け渡されたトラスのレベル差の処理も極めてスムーズに行われている。

モヤヒルズ
設計　　北山孝二郎＋K計画事務所
所在地　青森県青森市
竣工年月　1997年10月
延床面積　2,685㎡
階数　地下1階地上2階建
構造種別　RC，W

写 4-1　建物外観

写 4-2　木造トラス梁

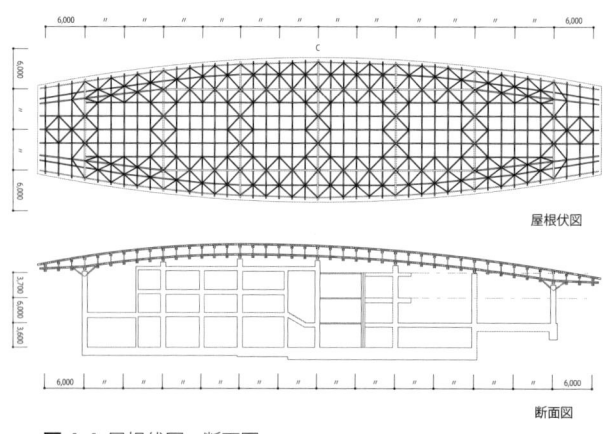

図 4-4　屋根伏図，断面図

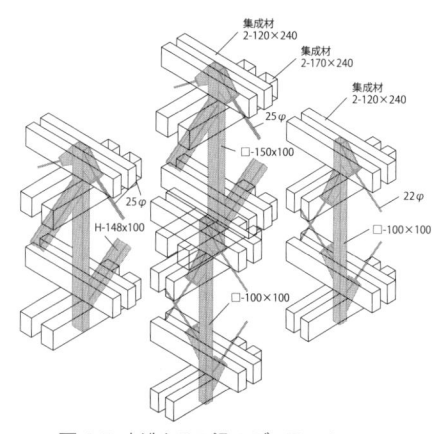

図 4-5　木造トラス梁のディテール

越後妻有交流館　キナーレ

十日町市は，積雪が3mを超える日本有数の豪雪地帯である。雪の多さをデザインのモチーフの一つとし，「屋根を薄い板で浮かしてつくって雪を載せ，雪のボリュームを見せる」ということが意図された。回廊棟の平面形は15m幅のロの字形に連続した空間であり，建物外周部は屋根面より1m下がったレベルまでが鉄筋コンクリート壁でその上部は鉄骨柱とし，内部側は6mピッチで鉄筋コンクリート柱が並んでいる。これらに支えられた屋根はRC造の薄い板を鉄骨で補強するシステムとし，極力RC造のフラットな板のイメージをつくり出している。鉄骨からRCスラブへの力の流れをスムーズに行うため，RCスラブ内にも鉄骨部材を配し，スタッドボルトで一体化した。

越後妻有交流館　キナーレ
設計　原広司+アトリエ・ファイ建築研究所
所在地　新潟県十日町市
竣工年月　2003年6月
延床面積　6,903㎡
階数　地上2階建
構造種別　RC，S，SRC

写4-3 屋根スラブ　　**写4-4** スラブ内の鉄骨部材

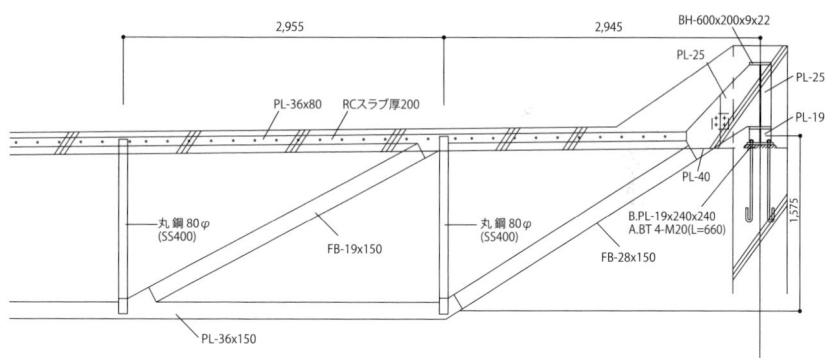

図4-6 鉄骨詳細図

新潟市立葛塚中学校　〈屋内運動場〉

平面形は楕円で上部に行くほど広がりをもつ形状となっており，屋根面での大きさは短径が約43mで長径が約67mであり，屋根，壁ともに木造の斜め格子構造としていることが特徴である。屋根は木造の軽い構造を表現するため，斜めグリッドの木造格子梁とケーブルを組み合わせた構造としている。構造計画にあたり，木造のみを用いた場合の架構（写4-5），並列配置による木造梁とケーブルの張弦梁（写4-6），木造の斜め格子配置とケーブルの張弦梁（写4-7）とを比較検討した。木造だけで構成するA案では，トラス構造となり重々しい感

じとなる．ケーブルを併用したB，C案では，木造の軽い感じが得られている．C案は壁と同様に屋根も斜め格子としたもので，建物全体でグリッドが連続するような雰囲気となり，建築イメージによく合う．下弦材に強度の大きいケーブルを使用したため，断面は極限まで小さくなり存在感を消し，木造の屋根としてのイメージが発揮されている．外周壁面の斜め柱は，2本の交差する部材をずらして組み合わせることでディテールの簡略化を図るとともに，相互の座屈を防止しあう効果を生み出している．屋根部材と柱部材をつないでいる建物外周の部材には鋼管を用いた．

新潟市立葛塚中学校
設計　安藤忠雄建築研究所
所在地　新潟県新潟市
竣工年月　2004年3月
延床面積　12,839㎡
階数　地下1階地上4階建
構造種別　PC，RC，SRC，W

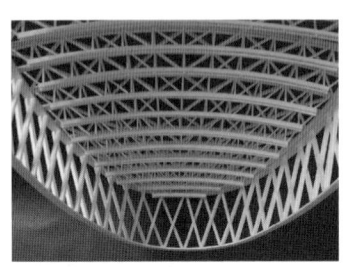

写4-5　屋根架構案A

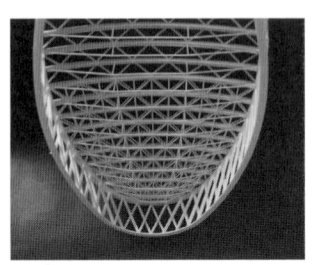

写4-6　屋根架構案B

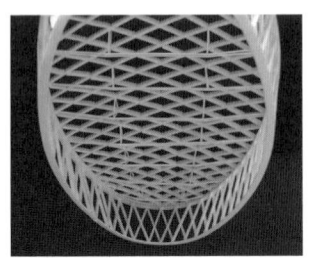

写4-7　屋根架構案C

写4-8　屋根架構内観

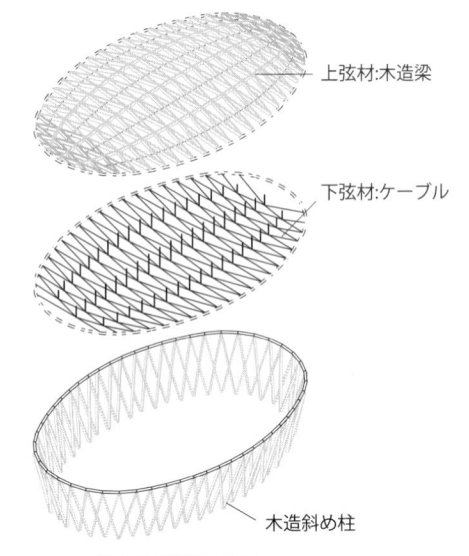

上弦材：木造梁
下弦材：ケーブル
木造斜め柱

図4-7　構造システム

4.3　構造システムのハイブリッド

ふれあいセンターいずみ

このプロジェクトの主眼は，熊本県産スギ材を表現の主体とし，開放的な木造建築をつくることであった．しかしコストが厳しいプロジェクトであったため，必ずしもすべてを木造でということにこだわらず，コンクリートとのハイブリッド化を図りローコストとなるよう工夫を行っ

た。RC 造のラーメン架構をつくり，その上に木造のボリュームを載せるという計画とし，RC 部分は外周に沿って壁柱を立て扁平な梁でつないでいる。外壁に沿った方向は扁平な柱と扁平な梁のラーメン架構として，直交する方向は片持ち構造である。屋根は遠目には曲面状に感じられるが，勾配方向に 3 分割されており，さらに桁行方向でも受け梁の間で分割され，分割されたユニットがそれぞれ平面で構成し全体で疑似曲面となっている。勾配方向の梁は 2.25m 間隔で配置し，両端および中間の 4 か所で RC の梁あるいは木造柱で支持されている。このうち一か所は 2 方向に傾いた木造の斜め柱で支えられ，この斜め柱は両方向での筋かい的な役目をもたせたものである。

ふれあいセンターいずみ
設計　武田光史建築デザイン事務所＋ロゴス設計同人
所在地　熊本県八代郡
竣工年月　1997 年 3 月
延床面積　1,861㎡
階数　地上 2 階建
構造種別　W，RC

写 4-9 建物全景　　**写 4-10** 建物全景

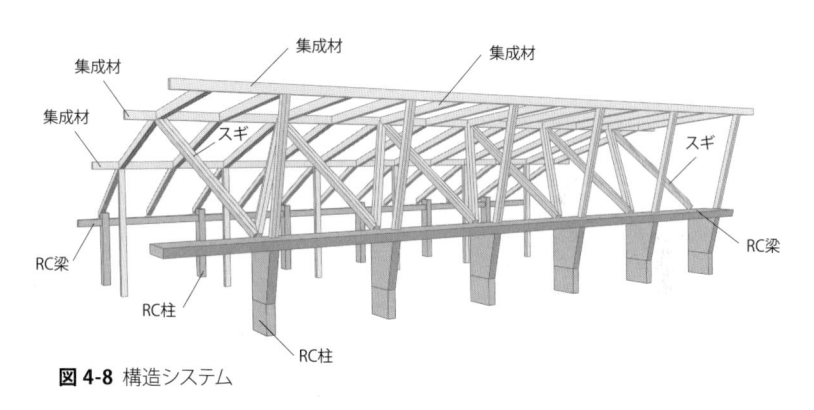

図 4-8 構造システム

糸魚小学校

北海道士別市にある小学校で，地場産の集成材を十分に使い，明るく開放的な校舎をつくることを目指した。7.2m 間隔で設けられた教室間の界壁を利用して，厚さ 300mm の RC 造の壁柱を基礎から自立させ，屋根を集成材で構成した。これにより南北方向に開放された空間を実現した。オープンスペースの中央部では 鉛直荷重を支持する目的で鉄骨柱（120 φ）を用いた。屋根は 180 × 700mm の大梁を 7.2m 間隔で配置し，その間を 600mm 間隔で 135 × 430mm の小梁を架け渡して構成した。　大梁は 2 本を対にして RC 壁柱や鉄骨

糸魚小学校
設計　アトリエブンク
所在地　北海道士別市
竣工年月　2007 年 10 月
延床面積　3,893㎡
階数　地上 1 階建
構造種別　W，RC，S

柱に挟み込むようにして配置し，これにより木造梁とRC壁や鉄骨柱との取り合いを単純化した．自立したRC造壁柱の上に木造梁を敷き並べる原理により，木造部材を十分に利用し，かつ接合ディテールが単純な木質構造が実現できた．

写4-11 建物外観

写4-12 オープンスペース内観

写4-13 教室内観

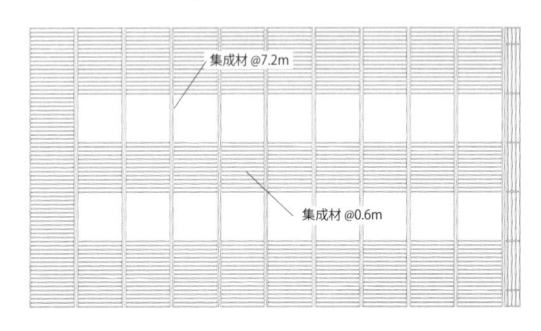

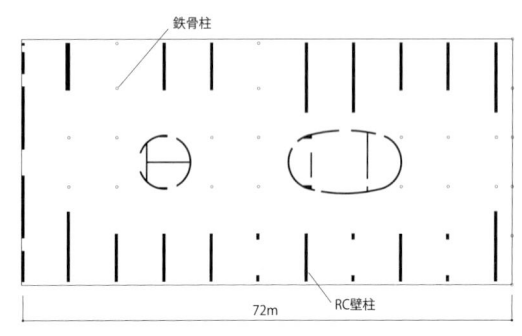

図4-9 構造システム

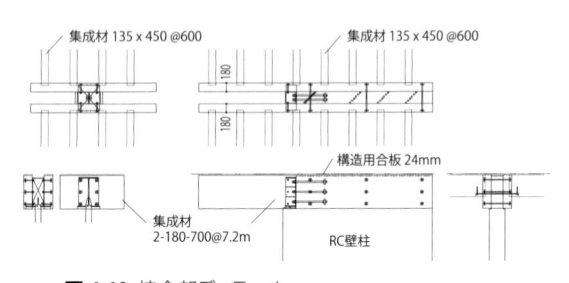

図4-10 接合部ディテール

陸別保健センター・診療所

くしの歯状に型枠コンクリートブロック造（RM造）の部屋が配置され，その間をつなぐように廊下部分と共用部分が設けられ，PCa造で最大スパン15mの屋根が架けられている．RM造の部分が耐震要素となり，PCa屋根を支える鉄骨柱は鉛直荷重のみを支持するため小断面である．PCa造の屋根はRM造の屋根レベルから約1.5m持ち上げており，その隙間は共用部に光を取り入れるハイサイドライトとなっている．この部分は屋根面の地震力をRM造に伝えることが必要であり，鋼管斜め柱を用いた軽快な構造で水平力の伝達を可能としている．屋根は板状の表現を活かすため，PCa板の端部には受け梁

陸別保健センター・診療所
設計　アトリエブンク
所在地　北海道足寄郡
竣工年月　2005年3月
延床面積　3,100㎡
階数　地上1階建
構造種別　RC

をつくらず，PCa部材の端部を部材の軸方と直交方向に圧着させて梁に相当する部分をつくり，それを鉄骨柱で直接支えている。重いPCa板を細い鉄骨柱で支えて浮かすイメージが，ハイブリッド構造によって実現できた。

写4-14 建物外観

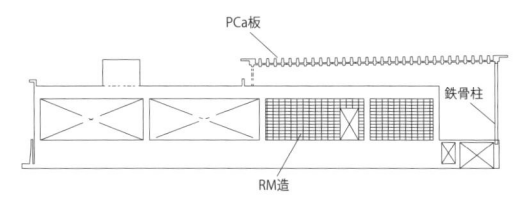

図4-11 断面図

写4-15 通路部分のPCa屋根

写4-16 PCa屋根とRM造をつなぐ斜め柱

森のツリーハウス

2,3階の木造でつくった居住空間を浮かせたような表現とした建物である。1階の駐車場部分はピロティであり，機械室や階段をRC壁でつくって耐震要素とし，それ以外は鉄骨柱を配置して，厚さ250mmのフラットスラブでつくった2階床を支えている。2階の薄い床の上部に，2，3階の在来軸組工法による木造を乗せている。平面的にも上下方向にもハイブッドな構造である

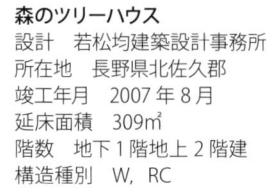

森のツリーハウス
設計　若松均建築設計事務所
所在地　長野県北佐久郡
竣工年月　2007年8月
延床面積　309㎡
階数　地下1階地上2階建
構造種別　W，RC

写4-17 建物外観

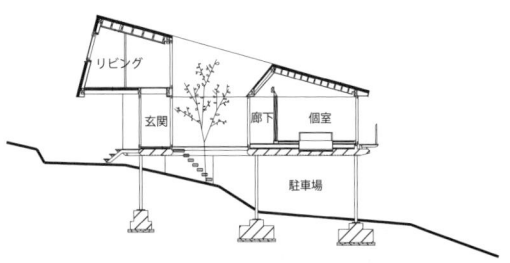

図4-12 断面図

写4-18 1階ピロティ

写4-19 2階住居

角窓の家

コの字型平面のRC造壁式構造の住宅であり，中央のリビング上部に2層の空間をもつ子供部屋を浮かせることが計画のポイントである。RC造はコーナー部分で2辺にまたがる開口部を設けることを形態上のルールとしている（これが"角窓"の意味）。屋根は無梁板であり，壁も屋根もRC造の板で構成している。子供部屋は3層のレベル（2層の床+屋根）をもつ鉄骨ラーメン架構とし，中間レベルで箱の外側に鉄骨梁を伸ばし，屋根のRCスラブ（厚さ250mm）中に打ち込んで一体化させた（写4-22）。仮設支柱を用いて鉄骨建方を先行させ，屋根のRCスラブを構築後に仮設支柱を撤去した（写4-23）。

角窓の家
設計　O.F.D.A.
所在地　神奈川県川崎市
竣工年月　2006年6月
延床面積　169㎡
階数　地下1階地上2階建
構造種別　RC, S

写4-20　建物外観
写4-21　リビングから子供部屋を見上げる 
写4-22　屋根スラブと鉄骨梁の取り合い 
写4-23　鉄骨建方状況 
図4-13　断面図 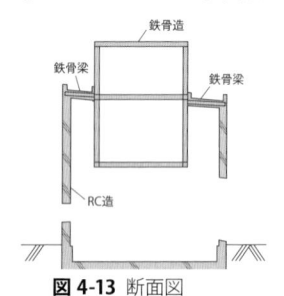

国営昭和記念公園〈カメラタワー〉

公園内の定点観測カメラの設置用として，高さ20mの木造とケーブルのハイブリッド構造のタワーをつくった。4本の柱を中央に設け，5mごとに十字の梁を挟み込み，梁先端部を25φのケーブル8本でつなぎ，頂部では8本のケーブルを4本のロッドにつなぎ変え，これをカメラの脚となる鋼管柱の先端に集約させている。木造とケーブルの建方完了後，ケーブルに初期張力を導入した。ケーブルを木造の片持ち梁の先端に取り付けている部分では，張力導入までケーブルを拘束することがないようなディテールとした（写4-27）。水平力に対しては，周囲のケーブルが抵抗する構造であるが，遠目にはほとんど木造のタワーのように感じられ，ハイブリッド構造の不思議さが発揮されている。

国営昭和記念公園〈カメラタワー〉
設計　伊東・クワハラ・金箱・環境エンジニアリング JV
建築設計協力　アトリエ・ワン
所在地　東京都立川市
竣工年月　2005年5月
構造種別　W

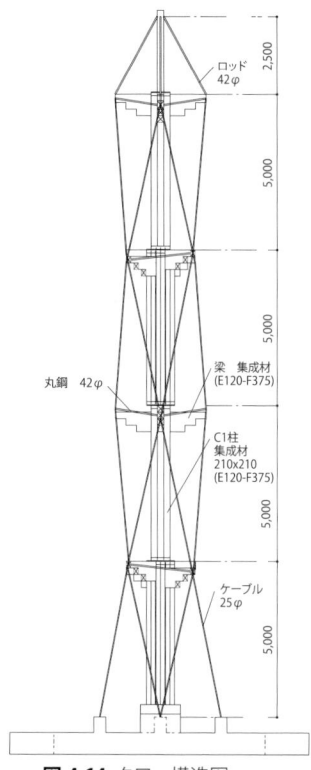

図 4-14 タワー構造図

写 4-24 タワー全景

写 4-25 タワー頂部ディテール

写 4-26 柱梁接合部

写 4-27 ケーブル中間定着部

柏の住宅
設計　NKS アーキテクツ
所在地　千葉県柏市
竣工年月　2008 年 1 月
延床面積　346㎡
階数　地上 2 階建
構造種別　RC，S

柏の住宅

　郊外の住宅地に建つ住宅であり，敷地を有効に使い，平屋を基本として部分的に 2 階をもつような，ゆったりとした空間が意図された。建物周囲に小部屋を配置し，中庭を建物中央部に取り込んだ平面計画としている。2.4m の高さでコンクリート打放しの天井面が水平に広がり，天井面にはいくつもの四角い穴が開き，中庭やトップライトのある吹抜けとなっている。建物の主体構造は RC 造壁式構造であり，建物外周部や小部屋まわりの耐震壁が水平力を負担する。RC 造の屋根は，20cm の厚さのスラブを基本の構造とし，応力の大きい部分は厚みを増して対応した。スラブは建物外周部では RC 壁に，中庭に面した部分ではマリオンを兼用した鉄骨の無垢材（50mm 角）により支えられている。鉄骨柱の役割として鉛直荷重を支えることに限定したハイブリッド構造であり，中庭を含んだ建物全体の一体感を高める効果を生み出している。吹抜け部分では，RC スラブの上部にボックス上の空間がつくられており，軽量化を図るため鉄骨造とした。

写 4-28 屋上と吹抜け部の立上り　　　　　　　**写 4-29** 建物内観

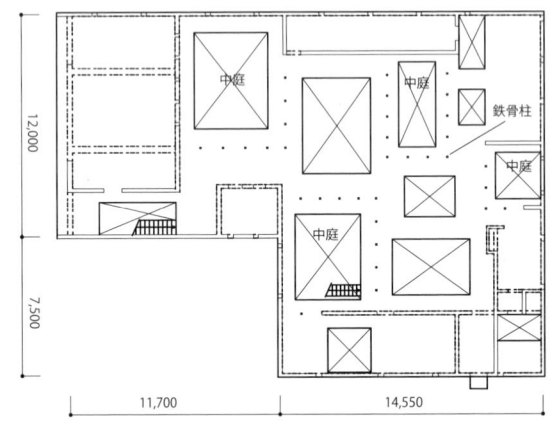

図 4-15 屋根スラブと RC 壁，S 柱の配置

【第5章】

建築形態の多様性と構造計画

5.1 建築形態の多様性と構造計画

建築デザインと構造計画の融合は，時代にかかわらず根源的な問題である。しかし，建築の価値観は時代の影響を受けて変わり，また構造設計の背景となる構造技術も時代とともに発展してきたため，融合のあり方は時代によって異なっている。日本の近代建築で考えてみると，1950年代から60年代に建築と構造の融合の意識が高まり先進的な建築が生み出された[8]。この当時の融合はある種の普遍性を目指しており，技術が先導して新しい建築空間をつくりだし，最小の材料で最大の空間をつくることが第一義的な目的とされていた。また，解析手法や施工的な制約から建築形態は幾何学的に整合したものとなることが必然であった。

この時代と比べてみると，現代においては建築デザインが多様化したため，構造計画は普遍性に加えて個別性が強く希求されることとなり，建築と構造の融合の目指すところは多様化している。機能を重視する建築では単純な形態のものが多く，架構は単純で幾何学的なものとして経済性を第一に志向する傾向にある。一方でデザインを重視する建築では，建築形態はバラエティに富み，架構は複雑なものになることが多く，構造の選択肢は広がっている。この背景にはコンピュータ技術が発達したことにより，高度で複雑な解析が手軽にでき解析的制約条件が少なくなったこと，複雑な図形処理が一般的な設計手段として普及したこと，さらに加工，施工技術の進歩により複雑な形態の構造物もつくれるようになってきたことがある[9]。形態的には非対称，不連続，複合性という要素も目立つようになり，極端な言い方をすれば，コストが許せばあらゆる形態の構造物がつくれてしまうようにもなってきている[10]。かつては力学的な合理性と構造的な合理性とは同じものと考えられていたが，今では構造の合理性が一義的に定義しにくくなってきているとも思える。力学から発想した普遍的な構造の合理性は考慮すべきであるが，それだけではなく建築デザインに対応した個別の構造の合理性をどこに置くかを考えるべきである。

このような状況の中で，建築形態の多様化と構造計画のあり方をどう考えていくかは大きな問題である。複雑な形態をつくることはある意味では力学的な複雑さや非効率化を生み出すこととなるため，建築デザインとしてどのような価値が見出せるのかを認識することが大前提である。その上で構造計画として，架構形態と力学的整合性のバランスを可能な限り見出すことが必要である。特殊な架構は施工的にも困難を伴い，高度で特殊な技術を使うことによって成立することもある。特殊な技術を使うことの意義があるのか否かを，考えることも必要である。構造体をつくりだす技術はグレードの高いものから平易なもの

---

8) 山本学治は『現代建築と技術』の中で，1950年代の状況について以下のように述べている。「シェルやスラブまたは立体トラスに示される3次元的な構造，鋼材による吊り屋根やHPシェルに示されるテンション構造――が発展したことである。それは，構造体の囲みうる空間の大きさや高さを増大させ，同時に単純な幾何学の構成を打ち破って自由な空間や造形への道を開いた。」

9) あらゆる形態の構造物ができてしまうという事例として，下記の写真のビルバオ・グッゲンハイム美術館がよく知られている。その形態は，幾何学によるものでもなく，力学によるものでもなく，建築家の感性によってつくり上げられた造形である。

10) 現代のこのような状況については，危惧を感じている建築家もいる。内藤廣は『構造デザイン講義』の中で，「構造はコンピューターというテクノロジーによって生み出された余剰を蕩尽している状況，つまりバブルと言えなくもありません。そこではデザインそのものも余剰に振り回され，方向性を見失っているのです」と述べ，また「要するに何か無制限に構造のバリエーションが増えていっているような気がするのです。(中略) 何のために，誰のために，という精神が欠如しています。」と述べている。

まださまざまあり，普遍的な技術はコストも安く品質管理も容易であるが，特殊な技術を使う場合にはそれに見合ったコストや品質管理体制が必要である。もちろんコストは構造単独のものではなく，プロジェクト全体として考えた上でその技術にどれだけ費やせるかが決まるものではあるが，採用する技術を決定するためには支配的な要因の一つである。

不定型な建物であっても無秩序に形態や構造を決めることは避け，ルールに基づいた決定が必要である。幾何学的なルールに基づいた形態の決定方法や力学的なルールによる形態の決定方法，両方の要素を持ち合わせた方法などが考えられる[11]。一見して不規則に見えるような形態も何らかの幾何学に基づいていれば，設計情報の共有化が図りやすく，部材寸法やディテールの共通化など施工性の向上を図ることができる。また，力学的な意味をもって形態を決めることにより，構造の効率化を図ることができる。

5.2　不定形な形態に対する構造計画の事例

以下に，複雑な形態をもつ建物の構造計画の事例を紹介する。複雑な形態をどのようにルール化して決めていくか，いかにして力学的な明快さを得るか，施工での対応をどう考えるか，これらが構造計画の重要なテーマとなる。

南飛騨・健康学習センター

木造を主体構造とすることが条件のオープンコンペで選ばれたものであり，木造の大きな屋根が徐々に形を変えながら緩やかに湾曲している形態が特徴である（写5-1，5-2）。構造は集成材を主体とし，要所にRC造の構造を併用した。水平力をRC部分で負担し，木造部分は耐力壁や筋かいを省いて，鉛直荷重のみを支持する柱，梁のみのフレームで構成し，開放的でかつ部材の接合部が単純化された構造システムを計画した（図5-1）。

屋根の形は3次元的に徐々に変化していくことが特徴であり，これをどのようなルールで形成するかを考えた。切妻屋根の変形したものであると考え，棟梁と建物外周部で屋根の高さを決め，その間を直線状の梁でつなげていくことで屋根の形をつくった。すなわち木造の柱・梁で平面フレームをつくり，少しずつずらしながら並べ，それらのフレームの間を木造の直線梁でつなぐことにより湾曲した屋根を構成した（写5-3）。屋根面の剛性と強度を確保するために水平ブレースを設けたが，ブレースの平面，立面的な角度もそれぞれのグリッドで

[11] 力学的なルールに基づいて不定形な形態を決める手法として，佐々木睦朗が実践している，感度解析を用いた最適化手法による自由曲面シェルの創生法がある。『フラックス・ストラクチャー』ではその思想，原理とともに実践プロジェクトが紹介されている。

異なることから，寸法や角度の融通のきくターンバックル付き丸鋼ブレースを用いた。棟梁は3次元的に湾曲する部材となるため，高周波曲げ加工を施した鋼管（φ-406.4×12.7）を用いて正確に形と位置を決め，その部材と外周の桁梁に架け渡す直線部材は木造梁を用い，屋根架構をつくっている。棟梁が直線となる部分は集成材とした。

集成材の梁とRC部分との取り合いも工夫したところである。通常はRC打設時にアンカーボルトを設置しガセットプレートを止め付け，そこに木造梁の取付けを行うが，アンカーボルトの位置やガセットの向きの精度が木造の建方に影響する。今回はガセットの水平方向，上下方向の角度がさまざまであり，角度管理は相当難しくなる。逆転の発想により，集成材を先行して建て込み，ガセットプレート，アンカーボルトを設置した後，コンクリートを後打ちする方法とした（写5-4）。集成材の建方精度が優先されることになり，また金物が簡略化できるというメリットも得られた。さらに，集成材をコンクリートに埋め込む工法も試みた。集成材の埋め込み部にアンカー鉄筋を引き通し，コンクリートを後打ちして一体化する工法である（写5-5）。

南飛騨・健康学習センター
設計　奥山信一研究室＋佐藤安田設計
所在地　岐阜県益田郡
竣工年月　2003年4月
延床面積　1,561㎡
階数　地下1地上2建
構造種別　W，RC

写5-1 建物外観 　　**写5-2** 緩やかに変化する大屋根 　　**写5-3** 鋼管の棟梁と木造梁

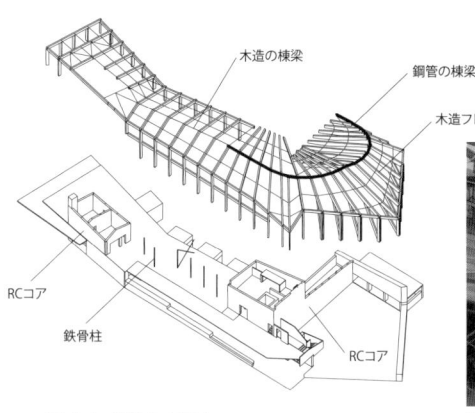

図5-1 構造システム 　　**写5-4** 木造梁とRCの取り合い 　　**写5-5** 木造梁の埋め込み工法

国営昭和記念公園　花みどり文化センター

　公園と一体的に計画されたランドスケープとしての建築であり、屋上緑化の実験場としての役割をもち、さらに内部空間は分散的に設けられた固定的な空間（シリンダー）とその外周のフレキシブルな空間から構成されている。シリンダーの構成、および不定形な鉄骨屋根トラスをどのように構成するかということが構造計画の中心的なテーマであった。シリンダーは建築的に閉鎖的なものと開放的なものとがあり、それらをSRC造と鉄骨造の2種類の構造でつくっている。地震力はSRC造のシリンダーで抵抗することになるため、SRC造のシリンダーを平面的にバランスよく配置することを留意した。

　屋根は鉄骨トラスの上部に鉄筋コンクリートスラブを設け、端部は2mのスラブを張り出した構成である。屋根構造の計画では、不定形な鉄骨トラスの配置と部材形状・ディテールが計画のポイントであった。屋根の形態と部材配置は、以下の3つの操作により決定した。
　①平面的なグリッドの計画
　②全体的な屋根形状のうねり
　③局部的な屋根形状の変化

　屋根はシリンダーによって支えられているため、トラスのグリッドもシリンダーとの関連において決めていくことを考え、さまざまなパターンからデザイン、施工性などを検討して決定した。複数のシリンダーの中心点を結んだ三角形をつくり、その各頂点の内側をシリンダーとの交点でのグリッドの長さがほぼ2.5〜3.5m程度と均一になるよう分割し、それぞれのシリンダーから放射状に伸びた部材が途中で他のシリンダーの影響を受けながら変化していくものであり、「くもの巣状トラス」と呼ぶことになった。力の流れにほぼ沿った部材配置となっている（図5-2）。

　全体的なうねりの形状は、図5-3に示すように建物長手方向の両側の辺の高さをそれぞれ振幅1.5mのサイン曲線とコサイン曲線とし、

写5-6 建物外観

写5-7 建物内観

両端を直線でつなぐ幾何学によって決めた。建物中央部では広場側が低くなることで屋上と広場との一体性を生み出すこと，また建物南側の外部スロープから建物屋上へのアプローチを考えると，図 5-3 の左上の端部が下がっていることが必要であり，これらの条件を満たす形状でもある。上記の幾何学で屋根形状を決めて短手方向の断面を切ると，図 5-4 に示すように直線勾配の屋根ができる。鉛直荷重を受けたときのトラスのマクロに捉えた曲げモーメントは図 5-4 に描いたようになるので，シリンダーまわりのモーメントの大きい部分の上弦材を持ち上げトラスせいを増やす操作を行う。トラスの形状は図 5-5 に示すように一般部分は 2.5m で，シリンダー取り合い部分は 3.5m となり，上部の形がそのまま屋根スラブの形となる。この上に造園工事を行い，一般部分の土の厚みを 30cm 程度としてなだらかに盛っていくと，下部のシリンダーの配置に合わせて屋根勾配も変化し，シリンダー上部は 1.2m 程度の盛り土が自然とできあがる。屋上緑化の計画では樹木の配置も計画されていたが，それらの位置も自動的にシリンダーの上部に決まり，人が歩行する道もシリンダーの間を縫うように自然と決定されることとなった。これら 3 つの操作により，屋根の形態や構造だけでなくランドスケープの計画の基本も決まることとなった。

　写 5-8 は建物の半分の部分の構造模型であるが，トラスが平面的にも断面的にも多様に変化する特徴がわかる。構成する部材として，弦材およびラチス材に幅 200mm シリーズのカット T をダブルで使用し，束材は直径 150mm の鋼管を使用した（写 5-9）。束材の鋼管は常に鉛直に配置し，そこに取り付けたガセットプレートにカット T を高力ボルトで取り付ける。カット T 部材は応力に応じて 3 種類用いているが，幅 200mm の広幅，中幅，細幅の H 型鋼に相当するものを用いており，寸法体系を統一した。平面的な角度の対応はガセットプレートの位置で行い，鉛直方向の角度の対応はガセットプレートの形状で対応すれば基本ディテールは 1 種類であり，後は部材の長さ管理で対応できることが特徴である。

国営昭和記念公園
花みどり文化センター
設計　伊東・クワハラ・金箱・環境
　　　エンジニアリング JV
建築設計協力　アトリエ・ワン
所在地　東京都立川市
竣工年月　2005 年 5 月
延床面積　6,032㎡
階数　地上 2 建
構造種別　S, SRC

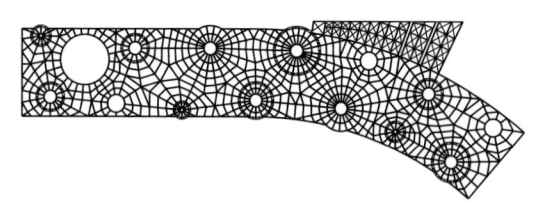

図 5-2　鉄骨トラス伏図

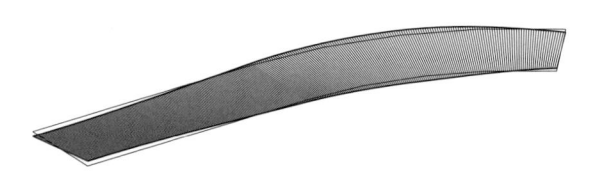

図 5-3　屋根の湾曲形状

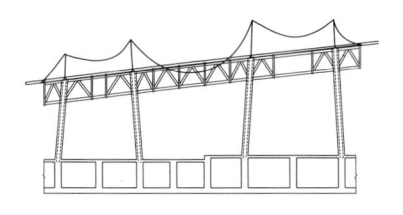

図 5-4 短手断面と曲げモーメント　　　**図 5-5** トラス形状

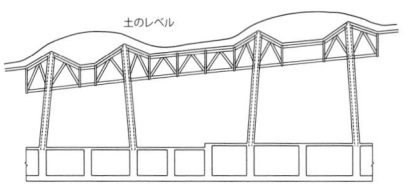

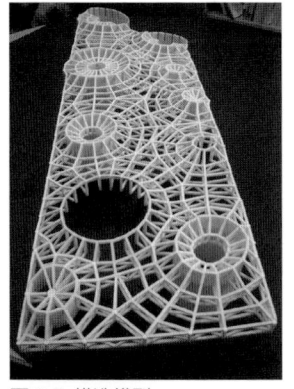

写 5-8 構造模型　　　**写 5-9** トラス接合部のディテール

こどもの城

　傾斜地に建つ地下1階地上1階建（一部中2階あり）の建物であるが，地下階の片側は完全に外部に面しているため，構造的には地上2層の建物と同等となり，かつ片土圧を受けるものとなっている。地上階は，ひとつながりの空間を高低差のある屋根によって分節することを意図しているため，屋根の高低と傾斜方向が隣り合うブロックで交互に切り替わり，また外壁面の開口はその配置に規則性がなく自由に設けられていることが特徴である。したがって，全体は一体の構造であるが，それぞれのブロックごとに屋根面は分断されており，水平力に対してそれぞれ独立した構造となる。鉄骨造を採用し，分節された境界部の壁をウォールガーダーとして利用する構造システムを考えた（図5-6）。

　ウォールガーダーは最大で22mスパンの鉛直荷重を支持しており，また下弦材は片側で1階近くまで降りてきているため，短手方向の地震力に対しては隣り合う高低の屋根の水平力をブレースとして負担する。ウォールガーダーで負担された水平力は下弦材を通じて地下のRC躯体に伝達される。建物長手方向は外周面にブレースを配して耐震要素とし，開口部の大きさや位置を考慮して柱やブレースの位置を決定した。それぞれの屋根面は建物の長手方向に小梁を配置し，ウォールガーダーに力を流すようにした。

こどもの城
設計　池田設計・千葉学建築計画
　　　　事務所
所在地　長崎県諫早市
竣工年月　2009年2月
延床面積　2,884㎡
階数　地下1地上2建
構造種別　S, RC

建物の外形が各部で異なり，開口もランダムに配置されているが，構造システムの規則性をもたせ，部材の断面やディテールに共通性をもたせることが重要と考えた。各ブロック内では直線部材で構成することができるが，分節されたブロックがそれぞれ異なる角度をもって取り合っているので，境界部分においてはさまざまな角度を吸収し，無理なく納まるディテールを考えた。ウォールガーダーおよび外周架構の厚さを200mmと設定し，柱はH-200×200を，梁は幅200mmのH型鋼で応力に応じて梁せいを変えたものを用いた。ブロック境界端部の柱は鋼管柱216.3φとし，さまざまな角度から梁が取り合っても同じ納まりになるようにした。

写5-10 建物外観 　　　　**写5-11** 建物内観

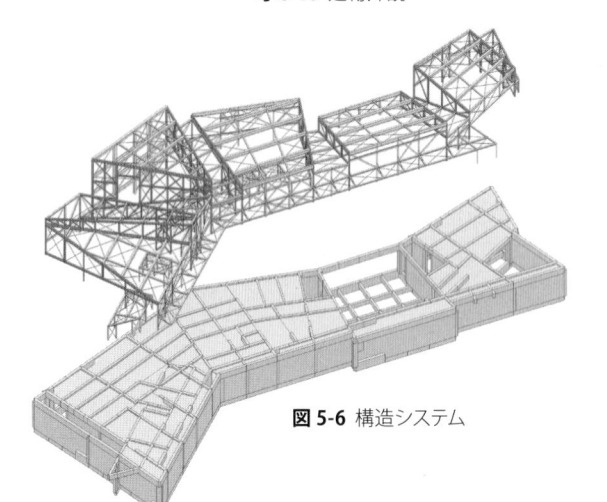

図5-6 構造システム 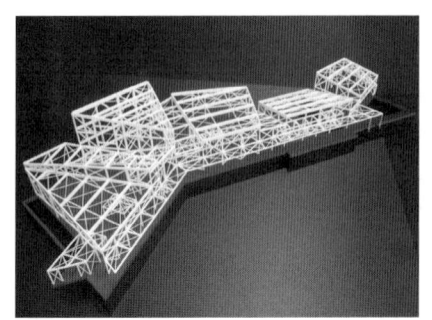　　　　**写5-12** 構造模型

京都駅ビル〈フラクタルドーム〉

宴会場のロビー屋根に，フラクタルドームと呼ばれる三角形の多面体のガラス屋根を計画した。構造的には折板の効果をもつ鉄骨ラチス構造であるが，部材の取り合い角度がすべて異なるという複雑な形態となっている。このような構造のつくり方としては，線材の部材を組み合わせて架構をつくり，それぞれの三角形の面にサッシとガラスを取り付けていくことが多い。しかし，この方法では，構造部材とガラス面の距離を一定に保つと構造体の交点とガラス面の頂点の位置がずれ，構造体でできた三角形をそのまま平行移動させてガラス面を設

定すると，構造体とガラス面の距離が一定でなくなる。いずれにしても，寸法の関係は複雑である。ここでは，構造体とガラス面の位置関係を単純にするため，ガラス面は構造体と一体とし，それぞれの面で独立する工法とした。同時に，不定形な三角形の構造体のディテールを簡略化することを考えた。

　変形の溝型鋼を熱押し型鋼により製作し，工場で溶接して三角形の構造体をつくり，建設現場において三角形の面の角度を決め，隣り合う面の二つの部材を溶接して，一体としての部材とする。できあがった状態では，2本の変形溝型鋼が一体の部材となり，全体としてラチス構造となる。写5-14，図5-7に示すように，両側の三角形面の角度が異なっても，部材形状は同じもので対応可能である。部材を一体化する際には，三角形の頂点は施工困難であり，接合していない（写5-15）。部材が集結する接合部は点としてつながっているのではなく，点のまわりに広がりをもって接合していることと同じである。

京都駅ビル
設計　原広司＋アトリエ・ファイ建築研究所
構造設計　木村俊彦構造設計事務所
　　（協力：金箱構造設計事務所）
所在地　京都府京都市
竣工年月　1997年7月
延床面積　237,689㎡
階数　地下3地上16建
構造種別　S, SRC

写5-13　フラクタルドーム全景

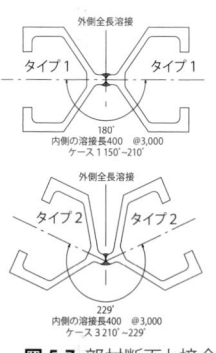

図5-7　部材断面と接合詳細

写5-14　構造体施工状況

写5-15　サッシ施工状況

MAZDA Zoom-Zoom スタジアム広島

　このスタジアムは開かれたグラウンド，非対称かつ多彩な観客席をもっていることが特徴である。1階観客席の後方に球場内を一周するコンコースが配置され，上部には2階席を支えるアーチ状の架構を連続させてデザインとして表現し，また観客席をなるべくグラウンドに近づけるために2階席の先端部を1階席の上部に跳ね出していることなども特徴である。短工期，ローコストという条件のもとで，多様な形

態に対する構造計画が必要であった。

　構造体を内側と外周部とに分け，さらに円周方向を適当に分割して全体を10のブロックに分けて計画し，各部位で適切な構造を採用した。特に外周部のスタンドでは，コンコースから下部を現場打ちRC造のプレストレス構造とし，上部は形態が複雑なことや見える架構となること，また繰り返し部分が多いことなどからプレキャストコンクリート造（PCa造）とした（図5-8）。PCa造は同一形状の部材を工場で繰り返し生産し，高品質，高精度なものが得られ，現場施工の時間や仮設部材を低減できる。しかし，この球場では，スタンド端部や下部の形状にバリエーションが多く，PCa架構ですべてをつくることは得策とはいえなかった。そこで，PCa造のメリットを生かし，欠点を補う意味で鉄骨造を併用する工法を採用した。

　コンコース上部は両方向ともPCa造とし，アーチ架構，2階席前方の跳ね出しを形成している。放射方向の基本的なPCa架構は3種類とし，エキスパンションジョイント端部では柱，梁とも幅を減らしたものを用いている。これらの基本形は下記の3種類であり，コンコース上部のアーチ形態は共通である。

　　A：前方へ7mの水平の跳ね出し床を有する架構
　　B：前方へ10.5mの傾斜した跳ね出し床を有する架構
　　C：2階席が水平で後方の床がない架構

　これらの3種類のPCa架構を基本として，各部の客席の断面的なバリエーションをつくったものが，図5-9に示す5種類である。張り出した2階席の下部に床を設ける部分は鉄骨造としてPCa梁から吊り下げ，2階席上部に位置する屋根は鉄骨造として計画した。桁行方向のPCa梁はそれぞれの位置において共通化を図り，また，2階客席の床もPCa床版を用い共通化を図った。

写5-16 建物全景

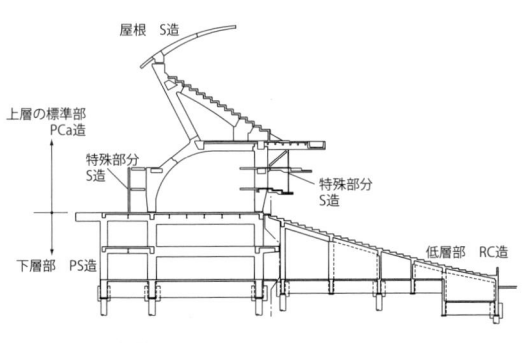

図5-8 架構断面図

**MAZDA
Zoom-Zoom スタジアム広島**
設計　仙田満+環境デザイン研究所
所在地　広島県広島市
竣工年月　2009年3月
延床面積　39,524㎡
階数　地下1地上7建
構造種別　RC, PCaPC, S

　外野の2階席であるパフォーマンスシートでは，ホームベースに対する視点確保の配慮などから放射状の基本架構に対して端部で三角形状の平面が追加されている。これらの端部の梁はいずれも特殊な形態，寸法の部材となるため，PCa造とすることは得策ではない。この梁は鉄骨造とし，その梁を斜めの鉄骨柱により支持した。床は基本のPCa床版の長さを調整することで対応した（図5-10）。

写5-17 コンコース

写5-18 スタンド後方のPCa架構

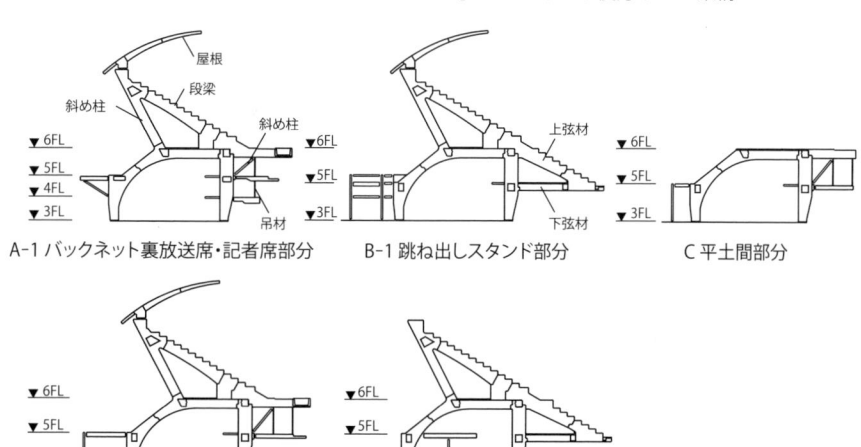

A-1 バックネット裏放送席・記者席部分

B-1 跳ね出しスタンド部分

C 平土間部分

A-2 テラスシート部分

B-2 パフォーマンスシート部分

図5-9 PCa架構のバリエーション

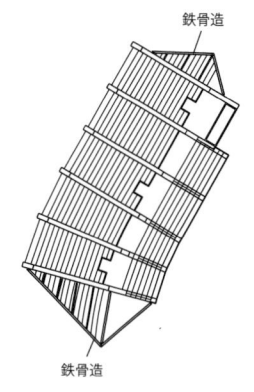

レフト側パフォーマンスシート

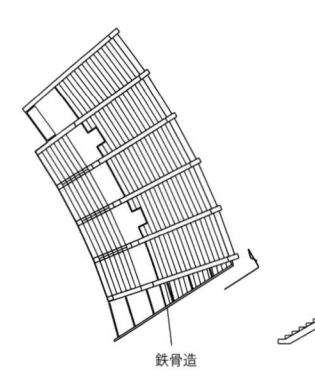

ライト側パフォーマンスシート

写5-19 パフォーマンスシート

図5-10 パフォーマンスシートの構造システム

5.3　建築デザインの意義と構造のルール

　第1章で述べたように，建築として形態や空間を自由にデザインするときには，必ずしも構造を表現する必要はない。しかし，そのような場合であっても構造と建築とは別物ではなく，合理性をもって計画することが必要であり，構造の役割とは何かが問われる。特に，建築の構成が複雑になった場合には，それに対応して構造の考え方をルール化する必要がある。そのルールはプロジェクトごとに決めるものであり，建築家との対話によって生み出していくものである。建築デザインの意義に対応して，構造計画はどう進めるべきかを考えてみる。

青森県立美術館

　この建物の形態のルールは，下部に凹凸の構造体があり，上部から逆向きに凹凸の構造体を被せ，その間に空間をつくっていくというものである（写5-22）。特に下部は土を欠きとったトレンチであり，上部の構造は人工的な構築物というのがコンペ時のイメージであった。実際には下部も構造体があり，土は仕上材である。

　基本設計が始まり，複雑な空間構成をもつ建物の構造計画をどう進めるべきか悩んだ。地下2階地上2階建であるので，下部2層はRC造もしくはSRC造とし，上部2層は鉄骨造とする。建築形態の構成ルールからすると，上部構造では屋根が建物全域にわたって存在し，そこからさまざまな部屋が吊り下げられる。そこで構造的にも全域にわたる強固な屋根をつくり，そこから部屋を吊り下げるというルールとした。吊り下げられたボリュームが大きくなると屋根構造の強度が不足するので，吊り下げた部分で壁となる部位に補強のためのトラスを配置していくことを考えた。図5-11は，その考えをスケッチしたものであり，それをシステム図として表現したものが，図5-12である。

　強固な屋根は部材せいを十分に確保したトラス構造とし，設備配管の展開もこの部分で行うもので，「ルーフマトリックス」と名づけた。ルーフマトリックスを支える構造体は構造的なコアであるとともに，建築的，設備的なコアでもあり，下層はSRC造の耐力壁付きフレーム，上層は鉄骨ブレース構造とした。剛性・強度とも大きい「コアユニット」である。コアで支えられたルーフマトリックスが基本の構造であり，そこからさまざまなボリュームが吊り下げられ，その部分がコア間の全域にわたると，屋根トラスと一体としての強固なウォールガーダーとなる。地震力に対しては，コアが主体の構造であるが，ウォールガーダーもブレースとして主要な構造となる。この構造システムはでき上がるとウォールガーダーの役割が大きいが，構造を構成するルー

ルでは，ルーフマトリックスやコアユニットのヒエラルキーが高いことが特徴であり，この組立ルールによれば建築計画に対応して合理的に構造をつくっていくことができると考えた。

実際には，さまざまなレベルに床が設けられ平面形状も複雑となるが，上記の基本ルールに従って架構を構成していき，立体軸組図と呼ぶ模型をつくり，建築計画との整合性を図った（写5-22）。基本設計完了時には架構の形を決め，模型をつくって確認した（写5-23）。上記のような考え方で架構を決め，さらに部材寸法やディテールをなるべく統一することにした。壁を構成する鉄骨の厚みは300mmとし，鉄骨柱，ウォールガーダーの梁や斜材はいずれも，せい300mmのH形鋼を使用した。鉄骨床梁はH-500シリーズを基本とし，スパンや荷重に対応してピッチを3～0.5mとして使い分けている。

青森県立美術館
設計　青木淳建築計画事務所
所在地　青森県青森市
竣工年月　2005年9月
延床面積　21,133㎡
階数　地下2地上3建
構造種別　S, SRC

写5-20 建物全景

写5-21 建物内観

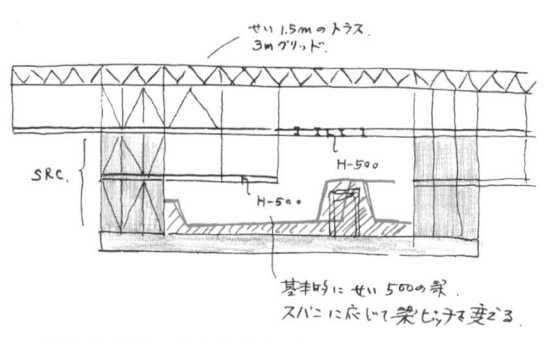

図5-11 構造の基本構成ルール

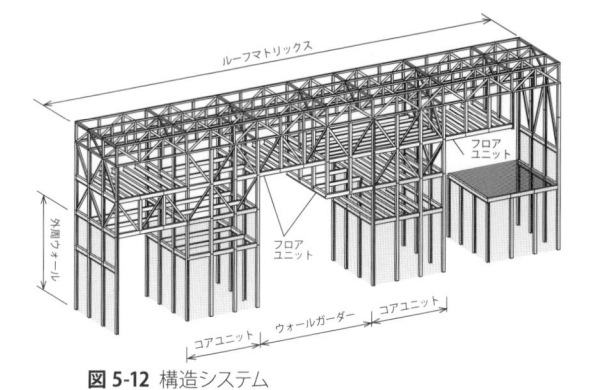

図5-12 構造システム

写5-22 立体軸組図

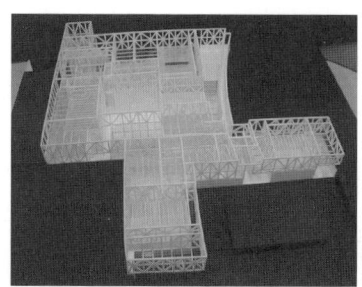

写5-23 骨組模型

写5-24 鉄骨施工状況

伊那東小学校

　2階建の学校であり，外観は比較的整形な形態であるが，内部ではさまざまな空間形態の教室を有することが特徴となっている。1階は3つの棟に分割し，すべてRC造としているが，建築の形態に応じて薄肉ラーメン構造や耐力壁付きラーメン構造，格子梁などを用いている。2階は鉄骨ブレース造とし，1階に比べて開放的で大きな空間をつくっている。2階の特別教室や図書室の部分において，大きなひとつながりの空間をそれぞれの領域において天井の高さの変化によって分節化するという空間が計画され，そのための構造的な対応が必要とされた（写5-26）。

　屋根は3.9mグリッドの格子梁であり，幅の薄い板状の梁を用いて場所によって梁せいを変えて配置している。建築的には場のあり方に対応して梁の大きさを変化させることが重要であるが，構造的には梁の大きさは応力と対応させたい。また，トラス部材としてC型鋼を使用することを考えた。これにはいくつかの理由がある。同じ設計グループで愛知万博のトヨタグループ館を設計し，リユースしやすい部材としてC型鋼を使用した。万博終了時期に設計を始めたこともあり，C型鋼の構造部材としての可能性を考えてみることが必要と感じていた。条件が整えば万博のC型鋼が使える可能性があった。また，せいの大きい梁により空間を仕切るという目的からは，C型鋼を使用して2次部材を省略し，仕上材を直接張ることで薄い梁部材をつくることは有効と思われた。

　トラスを構成している基本部材は弦材が高さ100mm，幅50mmのC型鋼を二つ重ね合わせたもの，ラチス材は丸鋼とし，応力の大きさに応じてトラス高さを変えることを構造のルールとした（図5-13）。平面計画と柱の位置が決まると，トラス部材のマクロに見た曲げモーメント分布が得られるので，これに対応するようにトラス部材のせいを決める（図5-14）。これを基に建築的なイメージを検討し，構造的に決めたサイズより大きくする方向で調整を行った（写5-27）。

伊那東小学校
設計　みかんぐみ＋小野田泰明
所在地　長野県伊那市
竣工年月　2008年3月
延床面積　4,672㎡
階数　地上2建
構造種別　RC, S

写5-25 建物外観

写5-26 2階の図書室

図 5-13 C 型鋼を使用したトラス 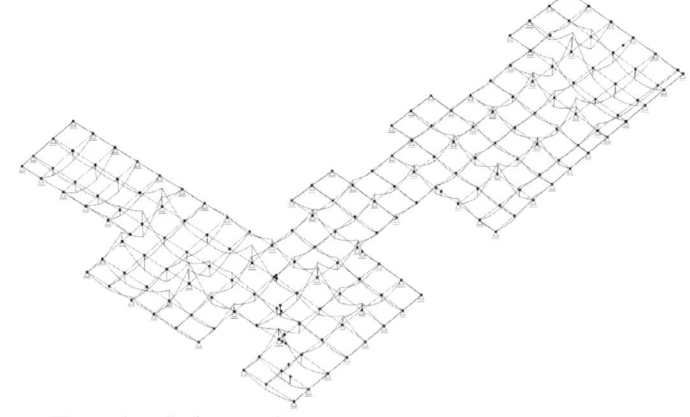　　図 5-14 梁の曲げモーメント

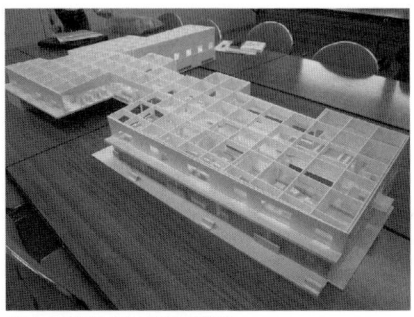

写 5-27 屋根梁の検討模型 　　写 5-28 鉄骨施工状況

日本盲導犬総合センター

　富士山に向かう登山道のようにつくられた回廊，そこに取り付いて配置されたさまざまな機能の棟からなる建物である。分散配置された建物群は，大きさは異なるが形態としては片流れの屋根形状として統一されている（写 5-29）。最も大きなトレーニング棟は 12 × 20m の空間であるのに対し，犬舎はせいぜい 8m の大きさであり，内部に柱があってもよく，スパンも大きい必要はない。このように規模や機能の違う建物に対して，構造計画はどうあるべきかを考えた。

　当初はすべての建物を木造でつくることを考えてみた。犬舎は一般的な在来工法で対応可能となるが，トレーニング棟・ラウンジ棟などは建物のボリュームが大きく，木造でつくる場合にはトラスや張弦梁などを用いることが必然となる。いくつかの屋根架構の模型をつくってみたが，建築家の反応が芳しくない（写 5-30，写 5-31）。打合せをしてみると，建築的にはトレーニング棟などと犬舎では外形こそ同じであるが，内部のイメージは大きく異なることがわかり，大きさの異なる空間に対して同じような壁や屋根の厚みでつくっていくことがむしろ重要で，そのためには構造の考え方を変えるべきと思った。規模の

違う建物に対してそれぞれにふさわしい構造形式，構造材料を用いていくことで"自然な構造"をつくることとした。

犬舎は木造在来軸組工法とし，合板耐力壁をバランスよく配置させた構造である。犬が触れる部分はコンクリート基礎もしくは鉄骨柱としている。ラウンジ棟・トレーニング棟は鉄骨ブレース構造が主体で一部にラーメン構造を採用しており，基本的にはH型鋼を用いて構成している。中庭に面する大きな壁開口部分は，開口上部のウォールガーダーを利用して鉛直荷重を支持させた。

日本盲導犬総合センター
設計　千葉学建築計画事務所
所在地　静岡県富士宮市
竣工年月　2006年9月
延床面積　3,93㎡
階数　地上2建
構造種別　W, S

写5-29 建物外観

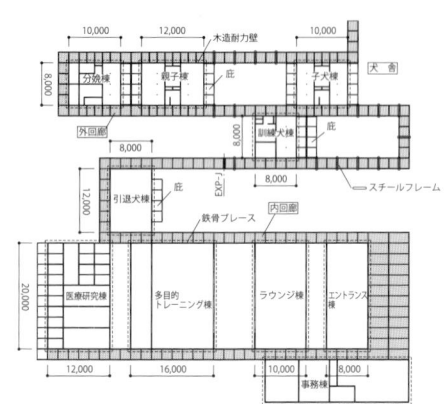

図5-15 平面図

写5-30 犬舎の架構模型

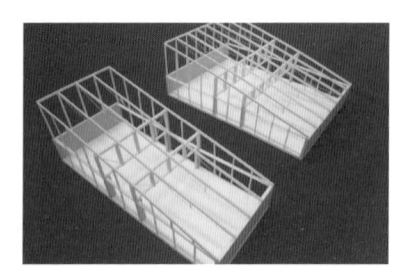

写5-31 ラウンジ・トレーニング棟の架構模型

写5-32 犬舎外観

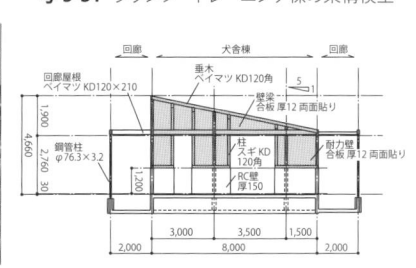

図5-16 犬舎の構造

写5-33 ラウンジ棟内観

写5-34 鉄骨の施工状況

東京造形大学　CSプラザ

　芸術系の学校であり，建物により学生生活を活性化させるとの思いも込められ，大胆な空間構成が考えられた。建物中央の吹抜けまわりにスパイラル状に教室が配置され，各階で平面がずれることとスキップフロアが形成されていることが特徴である。建築デザインでイメージされた空間は必然的に架構が複雑となり構造の整合性を崩すことであるが，このプロジェクトでは複雑な架構を用いることの意義は十分にあると認識した。

　地下1階地上3階建の建物であり，地上階の構造は鉄骨造である。平面的なずれにより上下階で柱は不連続となり，柱が抜ける部分は下階の梁でその荷重を受けることとなり，梁の曲げモーメントが局部的に大きくなることは避けられない。そのために梁せいを大きくすると階高が大きくなり，スロープの計画にも影響する。局所的に梁にハンチを用いて柱抜けに対応した（図5-17）。

　スキップフロアとなっているため，地震力の抵抗システムを明快にする必要があった。ブレースを随所に配置し，特に床段差部にはブレースを配置することにより，地震力の伝達が明快になるようにした（図5-18）。隅角部では平面のずれが2方向に発生するため，上下階の柱の位置や梁の架け方が悩ましく，模型をつくって架構の形態を検討した。

東京造形大学　CSプラザ
設計　安田アトリエ
所在地　東京都町田市・八王子市
竣工年月　2010年6月
延床面積　6,837㎡
階数　地下2地上4建
構造種別　S

写5-35　建築外観模型

写5-36　建築断面模型

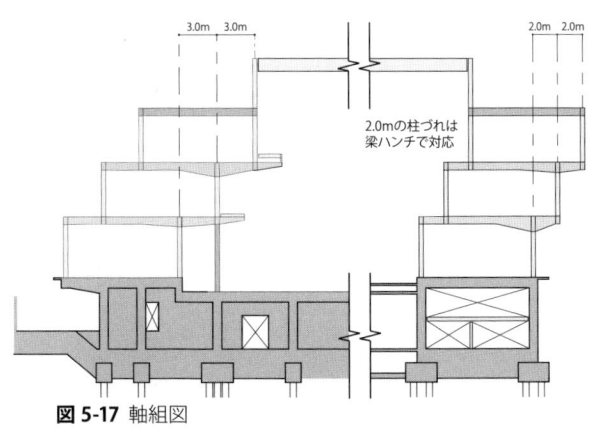

図5-17　軸組図

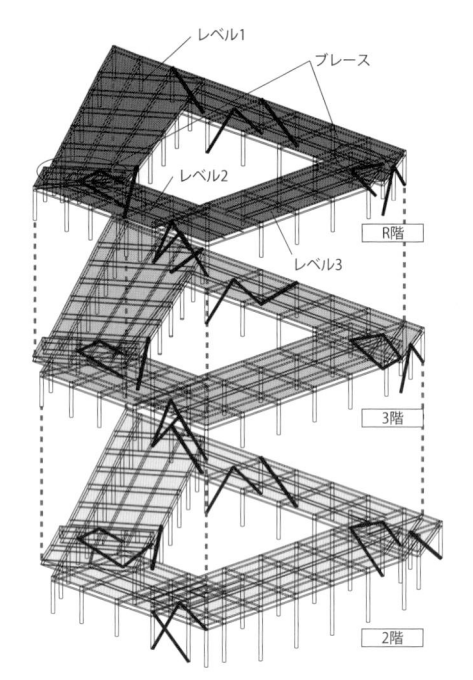

図 5-18 構造システム

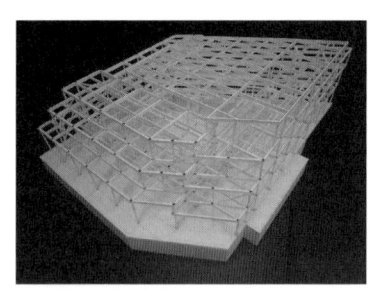

写 5-37 骨組模型

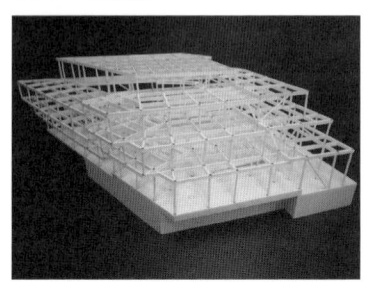

写 5-38 骨組模型

写 5-39 鉄骨建方状況

写 5-40 建物内観

118　第5章　建築形態の多様性と構造計画

【第6章】

地盤・敷地にかかわる構造計画

6.1　基礎計画の予備知識

(1) 地盤・敷地と基礎計画

　建物は構造物としての安定，釣り合いを保ち，最終的には地盤によって支持されている。上部構造を形成する材料は設計者がある程度コントロールすることができ，計画する構造に適した強度や剛性をもつものを使用することができる。しかし，地盤は敷地に付随している自然そのものであり，設計者が自由に地盤条件をコントロールすることはできない。また，地盤はバラツキが大きく，その状態を把握することにも限度があり，地盤に関する判断は慎重に行う必要がある。

　建物の土に接する部分の構造や杭基礎を含めて基礎構造と呼び，基礎構造の設計では地盤の状況をよく把握し，上部構造からの力が確実に地盤に伝えられるようにすることが必要である。基礎構造は目に見えることは少なく，デザイン的な要素には直接的な関係がなく，上部構造に比べると地味な存在と思われがちである。しかし，その役割は上部構造に劣らず重要であり，例えば，軸力抵抗型の上部構造においては，その応力状態を成立させるための支持部に強度や剛性が必要となり，それを受けもつのが基礎構造である。写6-1の国際芸術センター青森は軸力抵抗型の軽快な構造であり，地面の中で3mピッチにつなぎ梁が設けられている。また，基礎構造が適切かどうかによってコストに対する影響は大きく，無理，無駄のない基礎構造を計画することが重要である。

写6-1 軸力抵抗型の木造アーケード　　**写6-2** 木造アーケードの基礎構造

(2) 地盤調査と土の性質

　基礎の構造計画に際しては，地盤，地層，地形などを知ることが不可欠である。敷地を実際に見ることや過去の地歴を調べて状況を把握すること，地盤の内部を把握するために地盤調査などが行われる。地盤調査は，現地で行う調査と実験室内で行う調査とがあり，それぞれおおむね表6-1のような情報が得られる。設計に必要な情報を得るためには，建物の規模と地層の種類に応じた調査計画を立てることが必要となる。

土質は構成する粒子の大きさにより，粘土，シルト，砂，礫と大きく分類される。強度性状や沈下性状などは地質の違いによって異なり，粒子が細かくなると水が通りにくく，粘着力をもつようになる。建物の基礎として地盤に必要とされる条件は強度，剛性，安定であり，上部構造と同様である。直接基礎の場合の地盤の許容応力度は，内部摩擦角と粘着力，土被り量によって決まる値であり，鉛直方向に対しての単位面積当たりの強度で表わされる。杭基礎の場合には，先端支持力と周辺摩擦力の和として杭1本に対しての許容支持力で表わされる。地盤沈下には建物重量が加わってすぐに生じるもの（即時沈下）と，粘土層が長時間かけて沈下するもの（圧密沈下）とがあり，地盤のヤング係数や圧密係数などによって計算される。単に沈下量の絶対値の問題だけではなく，不同沈下が生じない配慮が必要である。地盤安定の問題としては，斜面地での滑りの問題や地震時における砂地盤の液状化の問題などがある。

表 6-1 地盤調査の情報

設計への情報	原位置調査	室内試験
地層構成の把握 支持層の決定	ボーリング スウェーデン式サウンディング	粒度分布試験 湿潤密度試験 液性限界，塑性限界試験
地盤の許容応力度 杭の許容支持力	標準貫入試験 スウェーデン式サウンディング 平板載荷試験	一軸圧縮試験 三軸圧縮試験
沈下性状	平板載荷試験	一軸圧縮試験 圧密試験
地下水位（水圧）	透水試験	
杭の水平力	孔内水平載荷試験 標準貫入試験	一軸圧縮試験
液状化判定	地下水位確認 透水試験	粒度分布試験 繰返し三軸圧縮試験
地盤の振動	PS検層 常時微動測定	

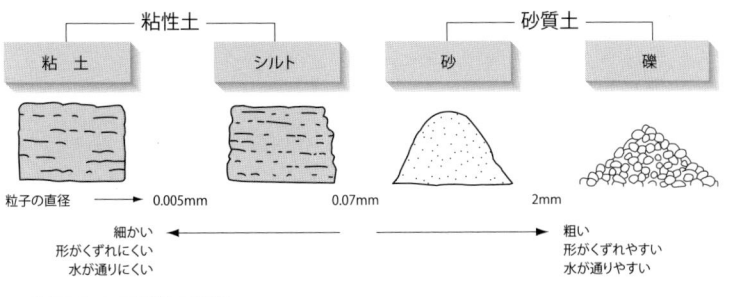

図 6-1 土の種類と性質

6.2　地盤状況と基礎構造の関係

　基礎構造は建築物の重量と地盤の強度・剛性の関係によって決定され，同じ地盤であっても建物の規模により基礎形式は異なることがある（図6-2）。基礎構造は大別すると直接基礎と杭基礎とがあり，直接基礎が可能かどうかは，建物総重量を最下階の建築面積で割って平均接地圧を求め，地盤の許容応力度との比較によって概略の判断ができる。最大接地圧は平均接地圧より少し大きくなることを考慮し，余裕をもった判断がいる。地表面からかなりの深さまで軟弱な地盤が続くような場合に，ある規模以上の建築物であれば良好な支持層までの杭基礎とすることに判断の余地はないが，軽量の建築物の場合には，地上部分の建築物が小規模の割に杭が長くなりコストも高くなり，上下の構造のアンバランスに悩むことがある。このような場合の対処の一例として，根入れを深くして排土重量と建築物重量をバランスさせる方法がある。ただし，地盤の強度として問題がなくても地盤の不均一性により不同沈下が問題となることがあるので，表面付近の地層の分布が一様であるかどうかの調査を十分に行うことが必要である。いずれにせよ地盤は不確定要素が大きいので，地層構成が複雑な場合には余裕をもった判断が必要である。

　基礎の形式がコストに与える影響は大きく，計画の初期段階での概略検討が重要である。地盤の状況によっては，上部構造を軽量化することで基礎にかかわるコストを大きく削減することもでき，地盤から上部構造の形式を決める場合もある。基礎計画や地下室の有無も含めて，土工事や山留め工事のコストにも大きな影響がある。

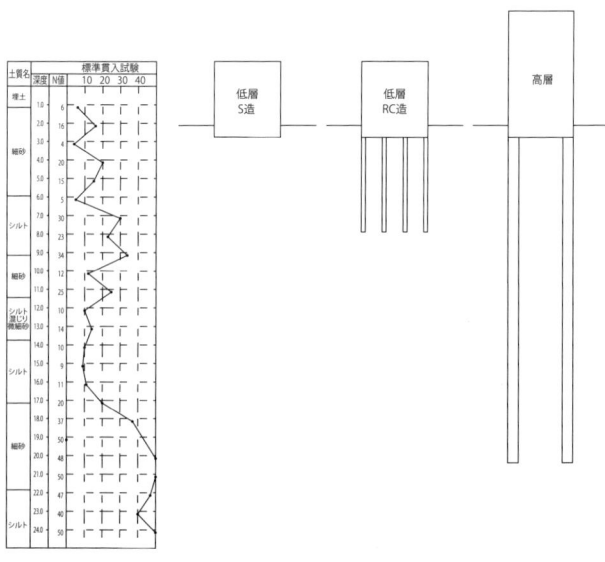

図6-2 地盤状況と建築物基礎の関係

グループホーム　アニマート

　木造平屋建の非常に軽量な建物であるが，敷地はもともと水田として利用されていた場所で，表層の地盤は非常に軟弱であり，スウェーデン式サウンディング調査によると $500N$ 自沈層が $2～2.5m$ の深さで分布する地盤である。良質な地層に支持させて杭基礎とすると，コストをかなり圧迫するため，直接基礎の可能性を検討した。地盤調査の結果によると，地層は軟弱であるが敷地内では一様な状態である。建物は整形な平面であり，全域にわたって重量は均一であるため，地盤の強度が確保できれば不同沈下を避けることは可能と判断して，直接基礎を採用した。建物重量は基礎を含めて $8kN/m^2$ であり，重量とバランスするように $45cm$ の深さまでの土を掘削し，掘削土の重量と建物重量とをバランスさせた。さらに，基礎面以下は深さ $50cm$ を浅層地盤改良を行い，べた基礎として計画した。1階床は木造を使用し，軽量化を図っている。

グループホーム　アニマート
設計　東京工業大学八木幸二研究室
所在地　和歌山県和歌山市
竣工年月　2003年10月
延床面積　300m²
階数　地上1建
構造種別　W

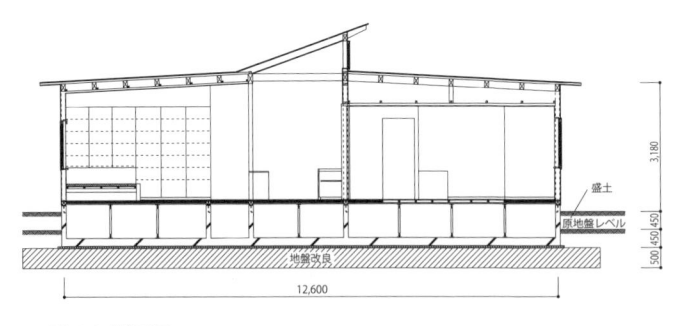

図6-3　断面図

写6-3　建物外観

遊水館〈ブリッジ〉

　敷地の地層構成は，地表面付近から極めて軟弱な粘土やシルトの地層が続き，38m付近から断続的に強固な砂層が分布している。建物本体は38～48mの長さの杭基礎としたが，建物につながるブリッジは軽量であるため杭基礎ではコストパフォーマンスが悪いため，先端部分を直接基礎として計画した。杭で支えられた本体建物と直接基礎のブリッジとの不同沈下が懸念された。支持層より浅い部分には正規圧密状態の粘性土が分布しており，ブリッジは軽量であるため計算上圧密沈下は数ミリのオーダーであったが，沈下が数センチ生じることを想定して設計した。沈下が生じてもブリッジが少々の傾斜を生じるだけで機能的な問題はなく，本体とブリッジ部分の接続部において，ブリッジを支えながら回転が可能なディテールを用いた。RC造では珍しいピン接合のディテールである。

遊水館
設計　青木淳建築計画事務所
所在地　新潟県新潟市
竣工年月　1997年1月
延床面積　2,248m²
階数　地上2建
構造種別　RC, SRC, S

写6-4 建物とブリッジ

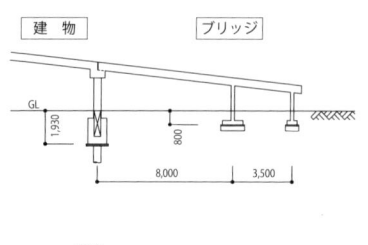

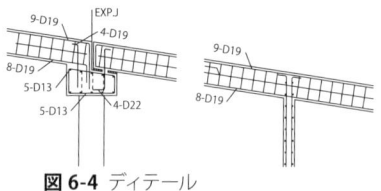

図6-4 ディテール

6.3　地下構造の計画

　　地下構造は基礎構造とは別のものとも考えられるが，ほとんどの場合は上部構造に比べると強固につくられ，地下構造全体で建物の基礎構造としての役割をもち，また地盤に接していることで基礎構造と共通することが多い。一般的には壁の多いRC造もしくはSRC造となり，強度・剛性の大きい構造となる。地上階の耐震要素の配置にはさまざまな形式があるが，地下階では建物外周部に土圧壁と兼用された耐震壁が配置されることが多く，必ずしも耐震要素の配置が地上階と同じにならないことも多いため，水平力の伝達に留意がいる。例えば，地上階で耐震要素を中央に集約した計画の場合には，その部分の水平力が地下部では外周部で負担するため，1階床スラブで伝達させることが必要となり，スラブ厚さや配筋を増す必要もある。床に大きな吹抜けがある場合などでは，伝達できる力が少なくなることもあるので，注意が必要である（図6-5）。

　　地下構造特有の荷重として土圧，水圧がある。土圧や側面からの水圧は外周壁の面外曲げで抵抗し，柱や梁に伝えられ，各階の床レベルで両方の土圧・水圧が釣り合いを保つ。階高が大きい場合や吹抜けがある場合には，柱の応力が大きくなるため，中間部にも土圧受けの間柱を設けることもある。片側のみの土圧を受ける場合には両側の土圧の釣り合いがとれないため，建物に水平力として作用することになり，基礎に対して大きな転倒モーメントが作用する（図6-6）。

　　地下の深い構造では，建物基礎部に上向きに作用する水圧による影響も大きくなる。直接基礎の場合には，建物重量と釣り合う接地圧の一部が水圧に置き換わることになるが，建物重量が部分的に軽いような場合には，水圧の方が上回ることがある。杭により建築物を支持している場合には，耐圧版は建物を支えてはいないが，水圧によって必要な断面が決まる。建物の浮き上がりに対しては建物自重や杭の重量で抵抗させるほか，地盤アンカーにより抵抗させることも行われている。

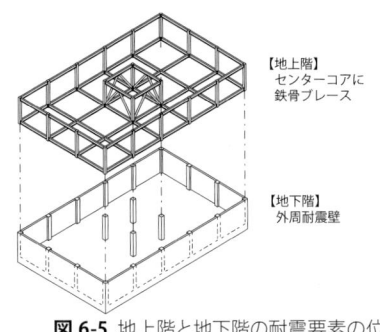

図 6-5 地上階と地下階の耐震要素の位置

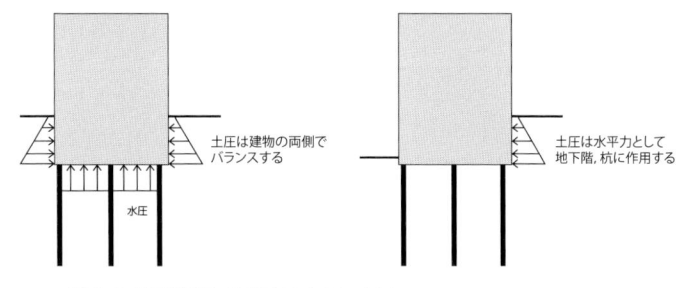

図 6-6 地下構造に作用する土圧・水圧

表参道ヒルズ

建物は地下6階地上6階建の複合建築であり，建物の中央部に地下3階から地上3階までに設けられた吹抜けとそのまわりを巡るスロープが特徴の一つとなっている。基礎底はGL-28.5mと深く，地下水位はGL-3.5mであるため，水圧の影響が大きい。外周部の土圧・水圧に抵抗するため，山留め壁兼用のSRC造地中連続壁を用いている。建物中央部の吹抜け部では両側の土圧が床面によって釣り合うことができないため，部分的には片土圧を受けた建物と同じ状況となっている。また，中央部は吹抜けの関係で建物重量が軽く，基礎底においては水圧による上向きの力の方が大きくなっている。この部分には，浮き上がり防止のための地盤アンカーを用いている。

表参道ヒルズ
設計　安藤忠雄建築研究所・森ビルJV
構造設計　森ビル，金箱構造設計事務所，入江三宅事務所
所在地　東京都渋谷区
竣工年月　2006年1月
延床面積　34,062㎡
階数　地下6地上6建
構造種別　SRC, S, RC, 免震

写 6-5 地下3階から地上3階までの吹抜け

写 6-6 SRC造の地中連続壁

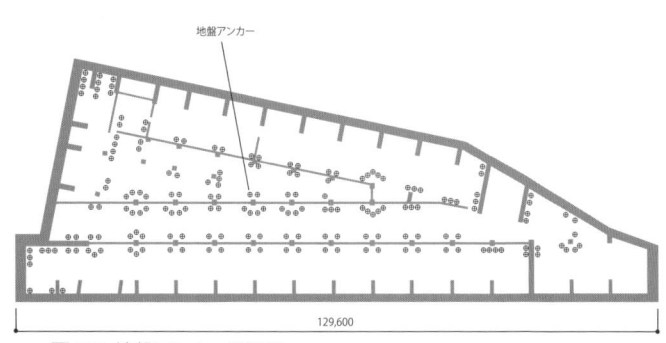

図 6-7 地盤アンカー配置図

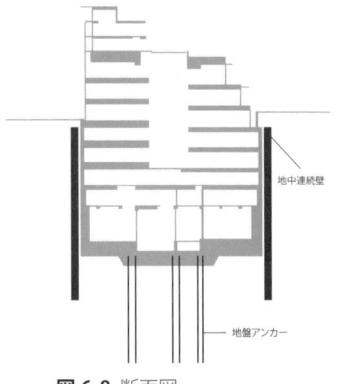

図 6-8 断面図

東京大学情報学環・福武ホール

細長い敷地に建てられた地下2階地上2階建の大学施設であり、打放しのスレンダーな庇と建物前面のコンクリート自立壁や、自立壁と建物の間のドライエリアが特徴となっている。地上階は5.85m幅の教室群の外側に1.8mの外部通路が設けられ、先端部に庇を支える36cm角の小柱を配している。地下階は幅10.2mの広い空間を有し、上階の柱が抜けた構造形式となるため、1階床梁はプレストレスコンクリート梁を用いて強度を高めている。建物全域にわたるドライエリアは地下8.4mまでの深さがあり、土圧に対して壁厚を極力薄くする工夫を行った。階段や通路を土圧受けの水平梁として機能させ、中間のブリッジによって水平梁を建物と連結させることで水平梁の支持スパンを小さくし、これらにより土圧を受ける壁厚を減らしている。

東京大学情報学環・福武ホール
設計　安藤忠雄建築研究所
所在地　東京都文京区
竣工年月　2008年3月
延床面積　4,046㎡
階数　地下2階地上2建
構造種別　RC

写6-7 建物外観

写6-8 ドライエリア

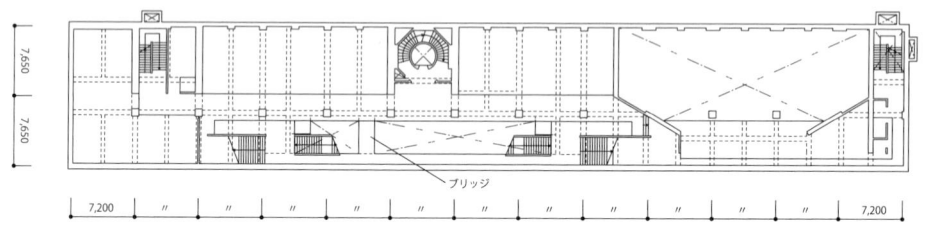

図6-9 地下1階伏図

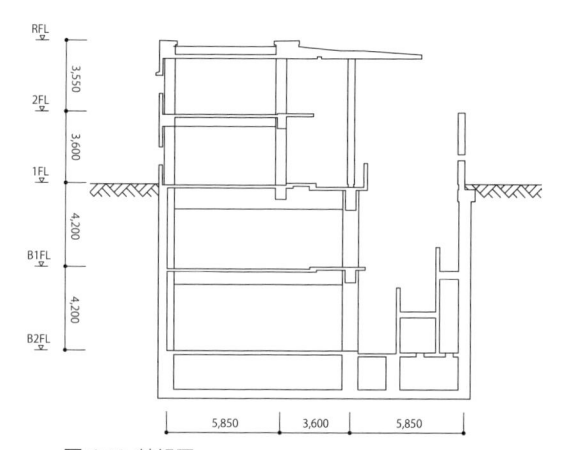

図6-10 軸組図

6.4 特殊な敷地への対応

　敷地の特性は設計の与条件として捉え，それに適合するように基礎構造のみならず上部構造も計画をしていかなければならない。敷地の条件によって上部構造を含めた構造計画が影響を受ける場合も多い。いくつかの特徴的な敷地に対する留意点と，構造計画事例を紹介する。

(1) 斜面地

　建物が斜面地の上に建つ場合と斜面地の中間や下にある場合では，建物が受ける影響や検討する内容が異なる。斜面上部に直接基礎で建物を計画する場合には，地盤の許容応力度は平坦な地盤に比べると同じ地層構成であっても小さくなることがある。また，地層の境界が斜面に沿うように傾斜していると不同沈下の原因となるので，傾斜方向の地層分布を把握することが必要である。杭基礎の場合には，支持力は支持層の強度で決まるが，側方の土の拘束が少なくなるため，地震時の水平抵抗力が小さくなることがある。また，いずれの場合も斜面の滑りに対する安定も問題となる。丘の頂部に建物が建つには基礎の範囲をなるべく小さく，山側に寄せることは有用な方法である。

　斜面の中間や下部に建物を計画する場合には，土圧によって建物に加わる水平力や転倒モーメントが増加するため，土圧への対応が重要な問題となる。建物をセットバックさせて計画し，土圧が小さくなるような断面計画も有用である。いずれの場合も，斜面の傾斜方向の地層構成を把握することが必要である。

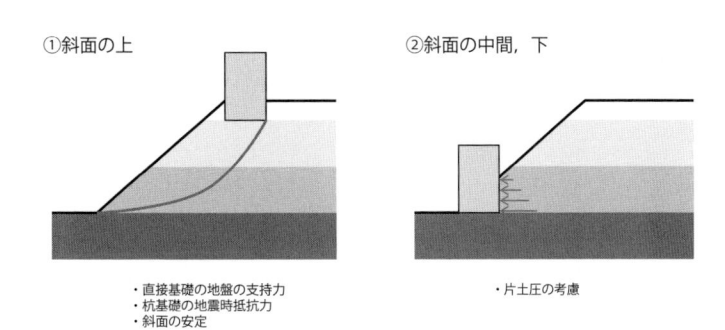

①斜面の上
- 直接基礎の地盤の支持力
- 杭基礎の地震時抵抗力
- 斜面の安定

②斜面の中間，下
- 片土圧の考慮

図 6-11 斜面地の問題点

H

丘の頂上に建てられた建物で，1階の南側が主たる生活空間となるため海側への眺望を確保することが求められ，また，丘から跳ね出したような形態のデザインとして計画された。敷地の地層は良好で，よく締まったシルト層が地表面直下から分布し，地盤の強度は建物の支持地盤としては十分であり，斜面の安定に関しての問題もなかった。丘から跳ね出すようなデザインを実現するため，上部構造と基礎構造の計画に配慮した。上部構造はRC造と鉄骨造のハイブリッド構造とし，海に向って開放され，丘から跳ね出す部分は鉄骨造とした。山側の部分をRC造とすることで建物の重心を山側に寄せ，基礎の接地面の図心との距離を極力小さくするようにした。

H
設計　青木淳建築計画事務所
所在地　千葉県勝浦市
竣工年月　1994年2月
延床面積　155㎡
階数　地上2建
構造種別　S, RC

写6-9　建物外観

図6-12　断面図

K

太平洋に面した断崖に建てられた住宅で，敷地の地層は地表面付近まで強固な砂岩層，泥岩層で構成されている。このような敷地では建物の配置が重要であり，崖の頂部の平坦な部分に建物を配し，基礎をなるべくコンパクトにすることがよい。建物はコンパクトな平面形をしており，海に向って開放的な空間を得るため，建物片側の直線状の壁の部分をSRC造の壁付きフレームとしてつくり，その他の部分を鉄骨造とするハイブリッド構造である。建物の外側にベランダが設けられているが，建物からの片持ち構造でつくり，崖の上部に張り出している。

K
設計　青木淳建築計画事務所
所在地　千葉県勝浦市
竣工年月　2001年8月
延床面積　582㎡
階数　地上2建
構造種別　SRC, S

写6-10　建物外観

写6-11　建物内観

図 6-13 平面概念図

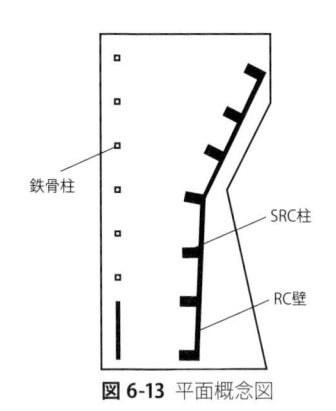

写 6-12 跳ね出したベランダ

京都造形芸術大学　未来館

　キャンパス全体が大きな傾斜地となっており，その一部がこの建物の敷地である。建物の前面と山側では敷地の高低差が約 7m あり，建物に 2 層分の片土圧が作用する状態となっている。建物の最下層では，土圧による水平力は 1 次設計の地震力に対して約 3 倍の値となっている。建物の架構の計画としては，土圧に抵抗するため短手方向には耐震壁を多量に配置する必要があった（図 6-14）。基礎は杭基礎であり，土圧による水平力の影響が大きく，地震時に浮き上がりが生じるため，山側の基礎部分に地盤アンカーを配して浮き上がり力に抵抗させた。地下水位面は建物基礎面以下であるが，傾斜地であるため山側で地中に浸透した水が水圧となって作用し，特に降雨時には一時的に大きな水圧が加わることが懸念された。山側の建物外周壁の外側に透水層を設けて山側からの地下水を迂回させ，建物に水圧を作用させない計画とした。

京都造形芸術大学　未来館
設計　横内敏人建築設計事務所
所在地　京都府京都市
竣工年月　2004 年 12 月
延床面積　2,775㎡
階数　地下 2 地上 3 建
構造種別　RC

写 6-13 建築模型

写 6-14 建物外観

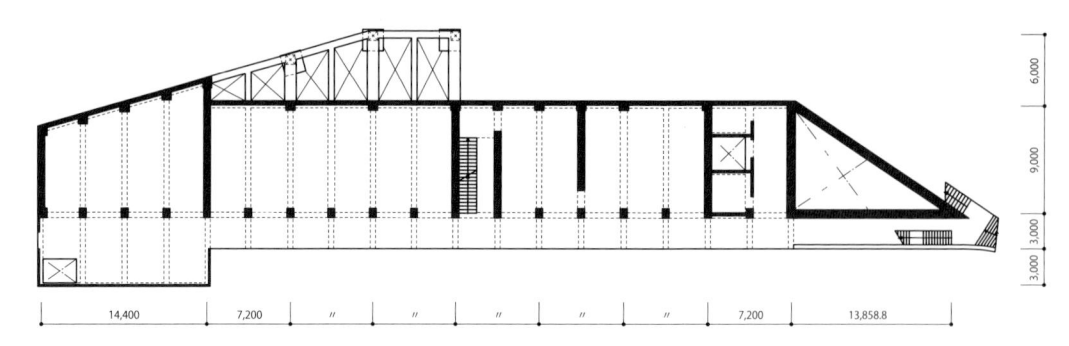

図 6-14 地下2階伏図

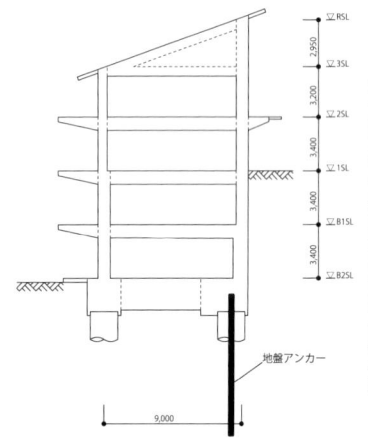

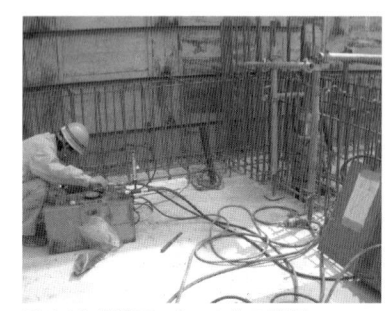

図 6-15 断面図

写 6-15 地盤アンカーの設置状況

写 6-16 地盤アンカーの施工状況

（2）起伏のある敷地

傾斜地と類似しているものに，起伏のある敷地がある。地盤に対する配慮は，傾斜地の場合と類似しているものが多い。起伏している敷地では建物と地盤との関係が問題となり，建物を地中に埋め込んだり，地盤面から浮かせたりする状況が生まれる。建物の一部を地中に埋め込ませる場合には，部分地下のある建物となり，不同沈下を生じさせない基礎計画や地下部分が負担する地震力の評価などの配慮が必要になる（図6-16の左）。地盤面から浮かせる場合には，杭が地中より突出することによる地震時の応力の増大や建物がブリッジ状となることなどに対して，それぞれ構造的な配慮が必要となる（図6-16の右）。

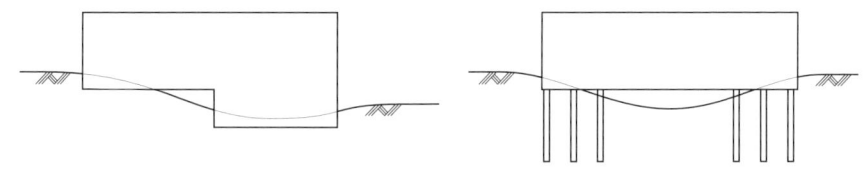

図 6-16 起伏のある敷地の建物

国際芸術センター青森

　芸術文化の創作活動の場を提供する目的で計画され，周囲の自然環境に配慮して建物を森に埋没させる「見えない建築」が意図されている。谷間を跨いでつくられた直線形状の「創作棟」と「宿泊棟」，ギャラリーや円形屋外ステージを備えた円弧状の「展示棟」からなる。

　創作棟，宿泊棟は一層の建物で，谷を跨ぎ屋根面と床面の水平ラインを強調した建築であり，それぞれ16.8×113.4mと12.6×70.2mで細長い平面形状となっている。谷間を跨ぐスパンは創作棟で21.6m，宿泊棟で18.9mである。

　屋根は薄くつくるためにボイドスラブを用い，山側はRC壁で支持し，谷側はPCa造の列柱によって支持した。谷側のPCa造の列柱は下部を基礎梁で支えられているが，建物全体が地面から浮いたようなイメージとするため，基礎梁のせいを小さく，床面を軽快な水平ラインとして見せることが課題であった。杭で支えられた基礎梁はスパンが10～18mであり，せいを小さくするためにSRC造とし，谷を跨ぐ部分は支保工なしで施工することに配慮して鉄骨造とした。基礎梁に鉄骨があることは，PCa柱の取り付けの簡略化にもつながった。PCa柱脚部に鉄骨ピースを取り付け，それを基礎梁の鉄骨部分に取り付けることで固定し，床と屋根のコンクリートを打設して一体化するという方法を用いた。杭は現場打ち杭を用い，基礎梁と一体となった鉄骨柱を杭の中に埋め込んで一体化した。

国際芸術センター青森
設計　安藤忠雄建築研究所
所在地　青森県青森市
竣工年月　2001年10月
延床面積　4,015㎡
階数　地上2建
構造種別　RC, SRC, S

写6-17 創作棟の外観

写6-18 PCaの列柱

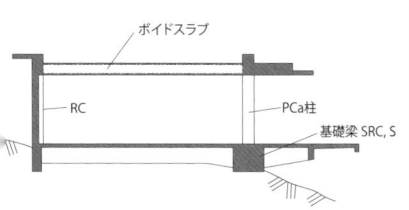

図6-17 構造システム説明図

写6-19 SRCの基礎梁とPCa柱

写6-20 谷部に架けられた鉄骨の基礎梁

(3) 既存地下構造物

建物を建てようとする場合に，敷地内に既存の建物が存在することがある。全部を撤去して新たに建物を建てることができればよいが，困難な場合がある。地下室や杭がある場合には，撤去に費用や時間がかかり，撤去せずにあるいはそれらの一部を利用して新しい建物をつくっていくことが必要なこともある。今後は，環境配慮の面からも既存躯体の撤去を極力少なくすることが求められるようになるだろう。

既存杭を撤去できない場合は新設の杭位置を調整することで対応することになり，上部構造の柱位置を連動させることで経済的な設計ができる。杭を再利用することも原理的には可能であるが，品質確認など未解決な問題は多い。

地下構造を撤去できない場合には，地下躯体をそのまま使うことや，外周や耐圧版を残して山留めとして利用し，その内側に新設の構造体をつくることが行われている。また，地下躯体に杭を貫通させて構築し，上部構造をまったく別のものとしてつくることも可能である。地下躯体を再利用する場合は，上部構造の重量が従来よりも少ないことが前提であり，新旧の構造体の接続部のディテールも課題となる。

チャーチストリート

２階建の飲食・物販店舗である。計画敷地の東側部分には地下１階地上２階建のRC造の建物が存在していた。その建物の地上部分を解体撤去し，地下部分を利用してその上に地上２階の鉄骨造の建物を計画した。計画建物の総重量が解体した既存建物の重量を下回るため，既存躯体を活かすことが可能であった。地上階の鉄骨柱の脚部は露出柱脚方式とし，１階床を貫通させたアンカーボルトにより既存躯体に留めつけている。建物の張間方向（短手方向）は，元のRC造の建物は２スパン，新築の鉄骨造の建物は３スパンであり，内部の柱の位置が異なっている。１階の柱位置に合わせて，地下階に鉄骨柱を追加した。

チャーチストリート
設計　北山孝二郎＋K計画事務所
所在地　長野県北佐久郡
竣工年月　2000年7月
延床面積　6,119㎡
階数　地下1地上2建
構造種別　S, RC

写6-21 建物外観　　図6-18 断面図

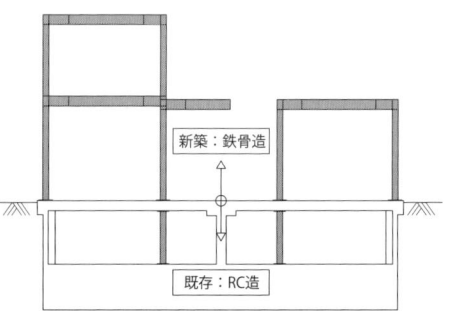

ココラフロント　GARDEN SITE

　地上6階建の低層棟と地下2階地上16階建の2棟からなるホテル，事務所などを有する複合施設である。低層棟の敷地には地下3階地上6階建の既存のRC造建物があり，既存地下構造物の撤去を最小限とすることを考えた。当初は新築建物を地下1階地上6階建の建物として計画し，既存の地下3階以下の躯体を残してその上部に新設建物を乗せ，鉛直荷重，水平力を既存地下躯体に負担させる計画としていた。実施案では地下階を中止し，既存躯体の柱の位置に干渉しない位置に杭基礎を配置し鉛直力を負担させた。その際には，既存躯体のスラブを部分的に削孔して施工した。地中部分での水平力は，新築建物の基礎と既存躯体を緊結することによって既存躯体にも負担させている。解体した上部構造のRCガラを既存地下躯体内に埋設し，環境負荷低減を図った。

ココラフロント　GARDEN SITE
設計　北山孝二郎＋K計画事務所，日本設計
所在地　愛知県豊橋市
竣工年月　2008年7月
延床面積　6,553㎡
階数　地上6建
構造種別　S

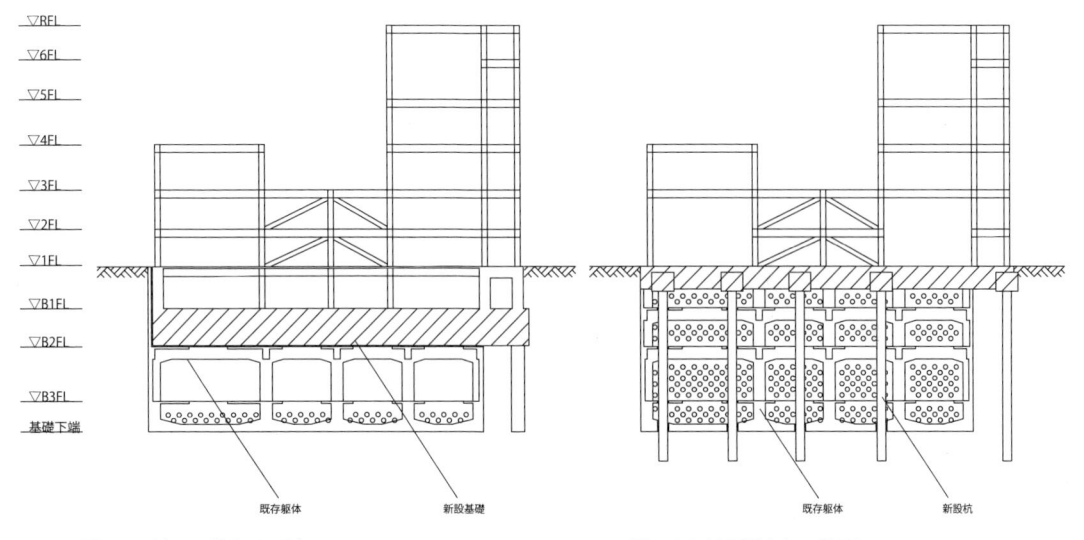

図6-19 地下1階ありの計画　　　**図6-20** 地下階なしの計画

（4）狭小敷地

　敷地が狭い場合や前面道路が狭い場合には，施工性を考慮した計画が必要となる。地面を掘削するためには山留めが必要であり，敷地境界から基礎や地下壁までの逃げ寸法を考慮する必要がある。特に敷地が狭い場合には，山留めによって建築可能な範囲が狭められることの影響が大きい。山留めに必要な寸法を確保することや，場合によっては山留めの方法，基礎躯体のつくり方を工夫することで，これらの問題に対応することがある。

江東の住宅

建物は2階建の住宅であり，軟弱地盤に対応して軽量化を図ること，狭小敷地の間口いっぱいに建てることを狙いとし，床・壁・屋根ともリブ付きの鉄板で組み立てた構造を用いた。外壁の鉄板は防水のために，接合部分を外部より全周溶接を行っている。この際，隣地側の1階部分では，隣地のコンクリートブロック壁と建物外壁の隙間はほとんどなく，作業が不可能である。そこでこの部分は，壁パネルを上下に分割してつくり，接合部を2階床より800mm上げて隣地の塀の上部での外部作業を可能な位置に設けた。基礎はべた基礎とし，地盤より1.5m掘り込んで土の重量と建物の重量のバランスをとっている。山留めはH鋼横矢板で行っているが，基礎梁部分は上部の建物よりひと回り小さくつくり，上部の擁壁部分で外側に広げ，敷地幅いっぱいに建物をつくることを可能とした。この部分では山留めのH型鋼の内側のフランジをカットし，躯体に埋め込んだ。

江東の住宅
設計　佐藤光彦建築設計事務所
所在地　東京都江東区
竣工年月　2003年3月
延床面積　64㎡
階数　地上2建
構造種別　S

写6-22 隣地の塀に接した状況

写6-23 基礎施工状況

写6-24 鉄骨建方

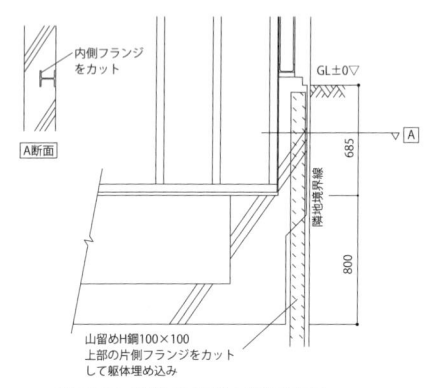

図6-21 基礎および山留め計画

【第7章】

耐震改修における構造計画

7.1　耐震改修の意義

　平成7年の阪神・淡路大震災を教訓として同年に耐震改修促進法が制定され，平成18年にはその一部が改正施行されて，不特定多数の人が集まる建物（法律的には特定建築物として位置づけられている）では，その所有者が所要の耐震性能を確保することが義務付けられた[12]。さらに近年では多大な被害を伴う地震が頻発し，建物所有者ばかりでなく一般の人たちにも建物の耐震性に対する関心は広まってきており，同時に，十分な耐震性能を確保することは単なる安全確保だけではなく，資産価値の差となることも認識されはじめてきている。したがって，耐震性能が不足する膨大な数の建物の耐震改修もしくは建替え需要が生じるであろう。耐震改修では必要な耐震性能の確保ができれば一つの目的を達するのであるが，それだけを目的とした改修では建替えによって得られる建物の新鮮さ，空間の質の高さには適わない。かといって，ほとんどの建物が建替えに向かうことは資源の膨大なロスを生み，サスティナブル的な観点からも問題であり，地球環境問題の見地からも建物の高寿命化を図ることが要望される。従来であれば，機能的，構造的な問題により建替えが考えられたような場合でも，既存建物を改修し活用していくことが求められるようになってくる。この問題を解決するためには耐震改修という行為が単なる補強ではなく，空間の質を高めることやファサードデザインと一体化するなど，デザイン性を加味したものとなることが必要である。新しい技術の利用や従来の技術のさまざまな応用としての耐震改修が必要となり，耐震改修における構造デザインという認識が必要となるであろう。

[12] 国土交通省は，耐震改修促進法において10年間で住宅100万戸，学校や百貨店など特定建築物3万棟の改修・建替えを進める数値目標を盛り込んだ基本方針をまとめ，耐震化率を2015年までに90％に引き上げるとしている。また，同法では，耐震改修計画が同法に適合しているかどうかの認定を受けると，耐震改修に関する一定の規制緩和や公的融資の優遇などを受けられるなどの緩和措置も規定されている。

7.2　耐震改修の基本的な考え方

　耐震診断では耐震性能を構造耐震指標（I_S）で表わし，この指標は(7.1)式のように，保有性能基本指標（E_0），形状指標（S_D），および経年指標（T）の3つの指標の積で得られる。このうち保有性能基本指標（E_0）は，強度指標（C）と靭性指標（F）から求められる[13]。

$$I_S = E_0 \cdot S_D \cdot T \tag{7.1}$$

　実際の建物では，さまざまな靭性をもった構造要素から成り立っており，それらを概念的に示したものが図7-1である。この図においては，縦軸は強度指標，横軸は靭性指標を示し，図中の曲線は靭性の程度により3つにグルーピングした耐震要素の挙動を示している[14]。異なる靭性の耐震要素が混在する場合には，これらを総合して耐震性能として評価するルールが決められている。図7-2は，3つのグループの曲線を足し合わせて表現したものであり，グラフが途中で階段状

に折れ曲っているのは，靭性の少ない構造物の強度を途中で削除しながらグラフを描いているためであり，耐震診断特有の考え方である。このような強度と靭性の関係をもとに，保有性能基本指標（E_0）は以下の二つの式の大きいほうの値で評価される。

$$E_0 = \frac{n+1}{n+i}(C_1 + \alpha_2 C_2 + \alpha_3 C_3)F_1 \qquad (7.2)$$

$$E_0 = \frac{n+1}{n+i}\sqrt{(C_1 F_1)^2 + (C_2 F_2)^2 + (C_3 F_3)^2} \qquad (7.3)$$

n：建物階数　　i：対象とする階　　α_2, α_3：低減係数
C_1, C_2, C_3：強度指標　　F_1, F_2, F_3：靭性指標

式（7.2）は，図7-2においてA点で耐震性を決定することを意味し，靭性の一番小さい構造の最大強度が発揮される時点で建物の耐震性能を評価するものであり，そのときには靭性の大きい構造は最大強度に達していないので，強度を割り引いて合算し，αが低減係数となっている。式（7.3）は図のC点で建物の耐震性を評価したものに相当するものであり，このような復元力特性をもつ構造物の振動解析結果をもとに提案されている式である。このグラフによれば，単なる強度や靭性の数値だけではなく，構造物が強度型に近いものか靭性型に近いものかというようなこともイメージができる。

耐震改修を効果的に行うためには，単にI_S指標の値だけではなく建物の耐震性の欠点がどこにあるかを知ることが重要である。同じI_S指標を示していても，強度指標（C指標）が大きく靭性指標（F指標）が小さいグループ群が支配的な建物と，C指標が小さくF指標が大きいグループ群が支配的な建物とでは構造の性質が異なり，それらに適した補強方法も異なってくる。例えば，靭性の極端に小さい部材がある場合には，他の部分で靭性を増大させる補強を行っても耐震性能確保の観点では効果が少なく，靭性の小さい部材の改善を優先することがよい。また，形状指標（S_D指標）の影響も大きく，S_D指標によって耐震性が低下しているものは，その要因を取り除くことで耐震性能を向上させる効果が大きい。

13）耐震診断法にはいくつかの種類があるが，一般的なものとしては（財）日本建築防災協会の耐震診断法（RC造，S造，SRC造，木造）があり，ここでの説明はこの診断法に沿って述べている。他にも（財）建築保全センターの「官庁施設の総合耐震診断基準」や，文部科学省の「公立学校施設に係る大規模地震対策関係法令」などがある。耐震改修促進法では国土交通省告示第184号において，耐震診断・改修に関する指針が定められている。

14）靭性指標は，それぞれの柱や壁について形状や破壊性状などによって0.8から3.2まで連続的な数値として得られる。耐震診断では，それらを最大で3つのグループに分類して計算を行うことになっている。グルーピングの境界の設定は任意であり，通常は最大のE_0指標が得られるような分類を行う。

図7-1 さまざまな靭性をもつ構造要素　　**図7-2** E_0指標の決め方　　**図7-3** 耐震補強の概念

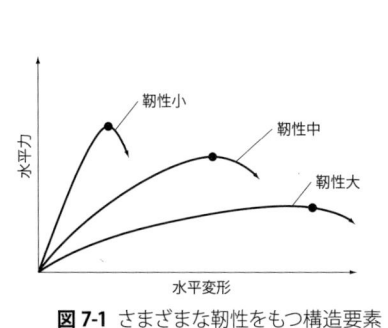

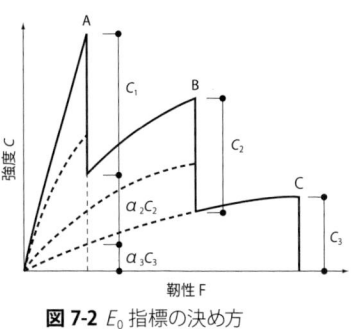

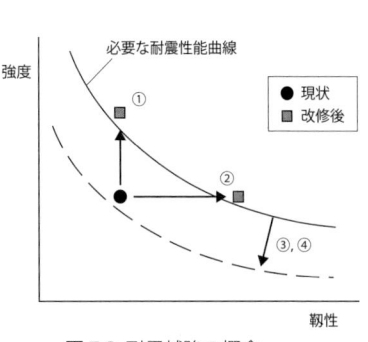

耐震補強を原理的に分類すると下記に示す4種類となるが，複数の種類の補強が組み合わされることも多い。

①強度増大型の補強
②靭性増大型の補強
③形状改善型の補強
④地震力を制御する補強

これらの補強による耐震性能の改良のイメージを，図7-1に示す。縦軸に強度を，横軸に靭性を表現したものであり，右下がりの曲線が必要な耐震性能を示している。強度が大きければ靭性が少なくてもよく，逆に靭性が十分あれば強度が低くても耐震性能は大きくなるというように，強度と靭性の組み合わせにより耐震性能が評価されることを示している。一つの建物例を図7-3に示しているが，改修前の建物の耐震性能は●印で示されており，必要な耐震性能曲線の下にあり性能が不足している。これを必要な耐震性能曲線の上に引き上げることが，耐震補強の目的である。

①の強度増大型の補強は構造体の強度を増加させることであり，図中で評価位置が上に移動することを意味する[15]。②の靭性増大型の補強では，強度は増大させずに部材の靭性を増大させるもので，図中で評価位置が右に移動することを意味する[16]。③の形状改善型の補強とは，平面および立面的なバランスの悪さを回避して形状係数を引き上げ，耐震性能を向上させるものである。④の地震力制御の方法は建物の重量を減らすことや免震化を図ること，あるいは制振部材を設けるなどにより地震入力を減らすという補強であり，③，④ともに図中では耐震性能曲線が下に移動することを意味する。

別の観点から耐震改修の分類を行うと「変える改修」と「変えない改修」とがあり，これらは前提がまったく異なり，それを踏まえた発想による計画が必要となる。「変える改修」は耐震補強を行うとともに，ファサードや内部空間のイメージを積極的に変えていくものであり，建物に新築同様の新鮮さを付加することも可能である。改修の手法の幅が広がるため，デザイン的な創造性を生かすことができる改修ともいえる。補強材をデザインとする場合には，新築建物と同様に意匠デザインと構造の合理性とのバランスを考えるといった課題がある。機能的あるいは物理的な理由で十分に活用されていなかった建物に新たな息吹を与える，いわゆる"建物再生（コンバージョン）"として大がかりに躯体改修を行うこともあり，耐震改修もその中に含まれる。今後の耐震改修の需要の増加が見込まれる分野と考える。

一方，「変えない改修」とは歴史的な価値や意義のある建物を補強する場合に行われることが多く，もとの建物のデザイン，材料，雰囲気などを変えずに耐震性能を増加させることが計画上のテーマとな

15) 強度増大型の補強の代表的なものには，鉄骨フレーム補強（写真）やRC壁の増設がある。

16) 靭性増大型の補強の代表的なものには，柱の炭素繊維補強（写真）や鉄板巻き補強がある。

る。基本的には隠蔽型であり，補強が補強箇所が限られることとなる。補強箇所を集約する方法は有効であるが，木造や鉄骨造の建物では屋根面の剛性や強度が小さいこともあり，建物の各部に作用した地震力が補強した部位に確実に伝えることが重要となり，伝達経路の補強も必要となる。「変えない改修」では，建物基礎部に免震層を設けるレトロフィットも有効な手段として用いられている。

7.3 イメージを変える耐震改修事例

笹塚の集合住宅

都内の住宅街に位置する，築30年の鉄骨造アパートの改修計画である。地下に駐車場，1階が4戸の賃貸住戸，2階がオーナー住宅として利用されていた。建物の老朽化が見られるため内装を含めて一新するが，既存部で使える部分は積極的に残すという方針とし，妻側の外壁や2階床，屋根は既存のものを利用した（写7-1）。

建物は地下1階地上2階建の鉄骨ラーメン構造であり，柱はH型鋼（H-175×175×7.5×11）を用い，梁との接合部分のみに6mm厚のカバープレートを設けてボックス断面としたものである。鉄骨ラーメン構造では，柱・梁接合部の溶接が適切に行われているかどうかが耐震性能に大きな影響を与える。図面照査と現地調査の結果，柱梁接合部においてカバープレートの内側のダイヤフラムの取り付け方法が不明であり，梁フランジが突合わせ溶接ではなく隅肉溶接であることなどから，ラーメン構造としての強度や靭性確保は不十分であると判断した。必要な耐震性能を確保するための方法として，壁面の一部にブレースを付加して補強することを考えたが，内部にブレースを配置すると空間に支障が出る。また，床はALC板と小断面のブレースで構成されており水平剛性は不十分で，外周部のみにブレース補強とした場合には地震力の伝達が困難である。そこで柱梁フレームを一様に補強し，純ラーメンの構造形式を維持したまま耐震性能を向上させる案として，柱・梁接合部付近に方杖を設けることとした（写7-2）。方杖は60.6φ，76.2φ，89.1φの鋼管を用い，部屋内にデザインとして表現されている（写7-3）。

鉄骨方杖と梁との接合はガセットプレートを梁ウェブと同一面となるように配置し，柱との接合はガセットプレートをほぼ水平面として取り付け，弱軸方向はガセットプレートをフランジ内部に食い込ませるような状態で取り付けた（図7-4）。

笹塚の集合住宅
設計　みかんぐみ
所在地　東京都渋谷区
竣工年月　2006年10月
延床面積　220㎡
階数　地下1地上2建
構造種別　S, RC

写 7-1 改修後建物外観　　**写 7-2** 方杖設置後の鉄骨フレーム

写 7-3 改修後建物内観　　**図 7-4** 柱梁接合部詳細

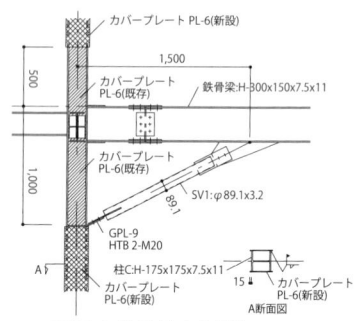

四街道さつき幼稚園

　耐震改修の手法の分類として，加える補強と減らす補強という観点で分類することもでき，この事例と次の事例はそれぞれの手法を試みたもので，対照的な事例となっている。このプロジェクトは幼稚園の増築計画であり，既存建物の一部は解体して新築し，一部は既存建物を利用した（図 7-5）。残存させる既存建物は鉄骨平屋建のラーメン構造で柱は H-175 × 175 × 7.5 × 11，梁は H-300 × 150 および H-250 × 125 が用いられていた。7.2 × 8.1m を基本グリッドとするラーメン架構でつくられた部分に遊戯室があり，建物外側に簡易な上屋が設けられて，廊下として使われていた（写 7-4）。遊戯室はそのまま残し，北側に内部廊下，南側にテラス的な回廊を巡らすことが建築的な改修内容である。現地調査の結果，既存鉄骨の柱梁接合部は隅肉溶接で取り付けられており，フレームとしての強度が不十分であることが判明し，既存建物を利用するには補強が必要となった。前述の集合住宅と同様に柱梁接合部の補強を行うことも可能であったが，既存建物の南北に廊下や回廊を設けることが計画されていたことを考慮し，新築部分の鉄骨フレームで建物全体の地震力を負担させること考え，既存部分の鉄骨は極力手を加えないこととした（図 7-6）。この場合には，新旧の建物の接合方法が重要である。屋根面の剛性を確保するために，新たに水平ブレースを設け，基礎梁も新設部と既存部を

一体化させた。

　新築部の鉄骨フレームは柱に冷間成形角形鋼管（□-200×200×6），梁にH形鋼（H-194×150×6×9）を用いたラーメン構造である。既存建物の地震力も負担するために，重量に比較して転倒モーメントが大きくなるため，基礎重量で抵抗できるように計画した。既存鉄骨と新築鉄骨の接続部分は，既存鉄骨側に梁や水平ブレース用のガセットプレートを溶接している。全体を一体の建物としてモデル化し，既存部分の柱・梁接合部は曲げモーメントを負担しないものと想定して検討を行った。竣工後の建物は外回りが一新されたため，新築建物と同様の雰囲気を醸し出している（写7-5）。

四街道さつき幼稚園
設計　仙田満＋環境デザイン研究所
所在地　千葉県四街道市
竣工年月　2007年2月
延床面積　1,406㎡
階数　地上1建
構造種別　S, W

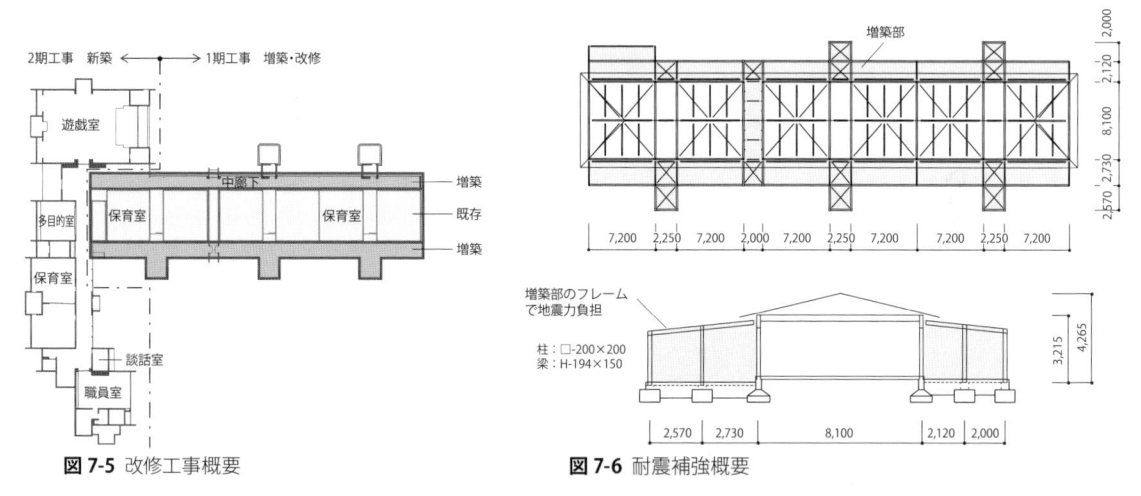

図7-5 改修工事概要

図7-6 耐震補強概要

写7-4 改修前建物外観

写7-5 改修後建物外観

黒松内中学校

　通常の耐震改修は補強材を付加することを念頭に行われているが，意匠上・構造上不要な躯体を減らすことが可能であれば，重量が減少することにより耐震性能を上げる有効な方法となる。校舎は1978年の竣工で，典型的な2階建中廊下型であり，両方向とも耐力壁付きラーメンの鉄筋コンクリート造である（写7-6）。既存校舎は中廊下の南北に教室が配置されており，廊下の雰囲気は暗いものであったが（写7-7），改修計画ではこの廊下部分を「ひかりのみち」と呼ばれる長大

なアトリウム空間とし，上部のガラス屋根から光を採り入れるというものである（写7-8）。改修工事では2階の床，屋根のコンクリートスラブを撤去し，同時に1，2階の廊下部分に面する便所や階段室などを間仕切る非耐力壁を大幅に撤去した。ただし，アトリウムを横切る2階梁は建物の一体性を保持するために残している。躯体を取り払った上部には，コンクリートよりも軽量な鉄骨の屋根を新たに架けた（図7-7，7-8）。この結果，1階から上部の躯体重量は20％程度減少した。また，柱に取り付いていた腰壁・垂れ壁を撤去した結果，せん断破壊が先行する柱がすべて曲げ破壊柱となり，靭性の向上も図れている。

このように耐震補強部材を加えることなく，建物重量を減少させること，脆性部材をなくすことにより，耐震性能を示すI_s値を各方向とも約20％程度増加させた。通常の耐震改修においては，水平力に対する杭の補強を行うのは難しいが，今回は建物重量を減らしたことで杭の耐震性能も向上した。

改修により2階の床に大開口を設けることで，建物が二つに分断されることに対しての検討も重要であった。分断された二つのブロックの間で地震力のやり取りが行われると想定した場合，長手方向はアトリウム両端部に残されたスラブによりせん断力の移行が可能であり，短手方向は大梁の軸力により伝達が可能なことを確認した。

新たに設けられた吹抜け上部には，鉄骨で支えられたガラス屋根を設けた。130cmの積雪量の負担を減らすために勾配面とすること，天井高さを確保する必要があることから屋根面は躯体面から2mほど上げる必要があった。この与条件を満たし，かつ屋根の水平力を躯体側へスムーズに伝達させることも意図し，下弦材が屋根躯体に直接取り合う三角錐型のトラスを並列させる計画とした。このような形状にすることで，長手方向の地震力は屋根面トラスから構面トラスを介して躯体へ，短手方向では下弦材から直接躯体へ伝達できる（写7-9）。

黒松内中学校
設計　アトリエブンク
所在地　北海道寿都郡
竣工年月　2007年2月
延床面積　3,583㎡
階数　地上2建
構造種別　RC, S

写7-6 改修前建物外観

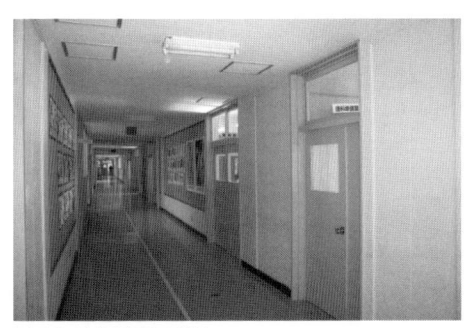

写7-7 改修前廊下部分

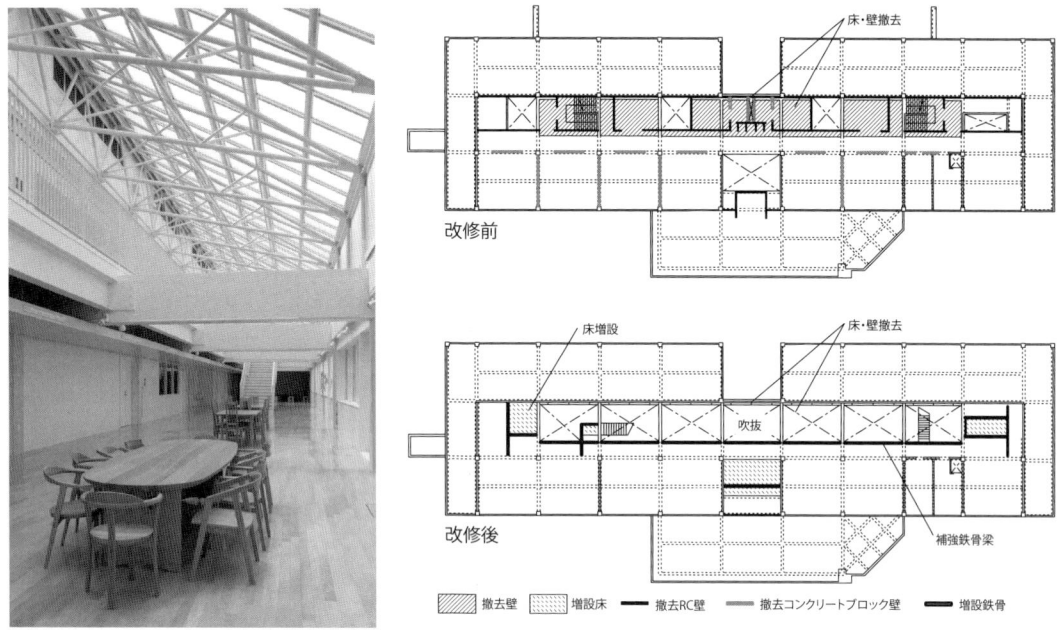

写 7-8 改修後廊下部分「ひかりのみち」

図 7-7 改修工事概要（2 階平面図）

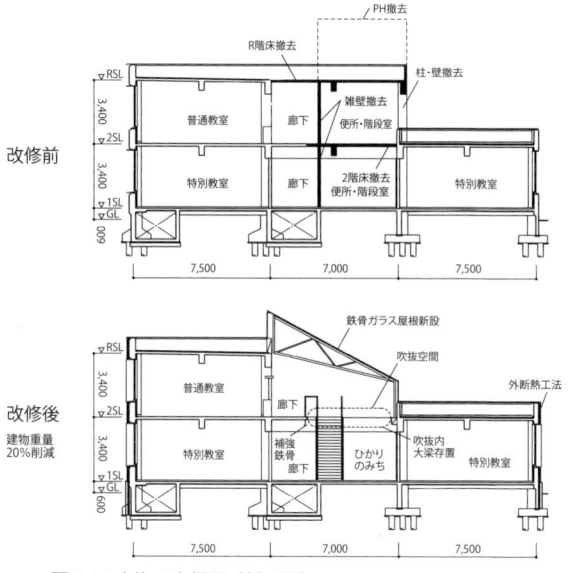

撤去壁　増設床　撤去RC壁　撤去コンクリートブロック壁　増設鉄骨

図 7-8 改修工事概要（断面図）

写 7-9 アトリウム屋根鉄骨建方

上野ビルディング

　本プロジェクトでは，都心部の典型的な建物において耐震改修により内部の空間や設備の質を高めて新築同様の価値を持たせること，周囲の町並みに対してインパクトを与えることを目標とし，「耐震ファサード」の提案と実践を行った。改修後のテナント賃料は新築同様の

143

上野ビルディング
設計　みかんぐみ＋金箱構造設計事務所＋環境エンジニアリング
所在地　東京都千代田区
竣工年月　2007年3月
延床面積　8,002㎡
階数　地下2地上9建
構造種別　SRC

レベルに増加したが，耐震性能向上，内部空間充実，ファサードイメージ向上などの建物価値の上昇の証しでもある。

本建物は神田駅前に位置するオフィスビルであり，1965年竣工のSRC造，地下2階地上9階建の建物である（写7-10）。北側，西側は道路に面し，ガラスを有するカーテンウォールの外壁となっている。南側は隣地の建物に，東側は裏通りに面していて，ほとんどがRC外

写 7-10 改修前の建物外観

写 7-11 改修後建物外観

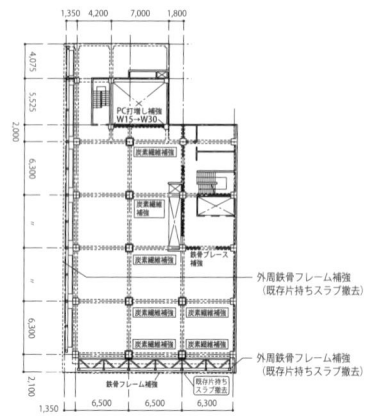

図 7-9 改修後基準階伏図

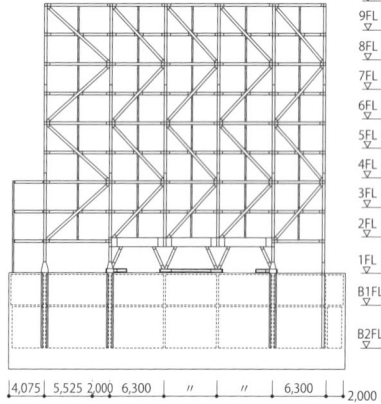

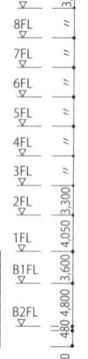

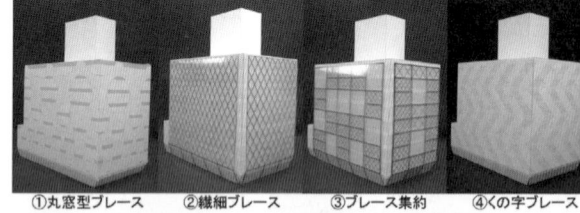

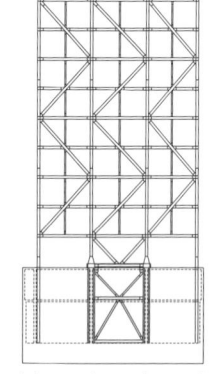

図 7-10 鉄骨軸組図

写 7-12 補強鉄骨のデザイン
①丸窓型ブレース　②繊細ブレース　③ブレース集約　④くの字ブレース
⑤ランダムパネル　⑥ランダムパネル　⑦フレーム　⑧繊細フレーム

写 7-13 外周鉄骨フレーム補強

写 7-14 改修後エントランス

壁となっており，2方向とも耐力壁の配置が偏っているという耐震的な弱点をもつものである。柱，梁はともに非充腹型のSRC造である。

建物の耐震補強は，以下の4種類を行っている（図7-9）。
①西面および北面の外壁面に，ブレース付きの鉄骨フレームを設ける。
②既存建物のRC耐震壁を打ち増し，強度を増大させる。
③独立柱に炭素繊維を巻いて補強し，柱の粘り強さを増す。
④EVホールと貸室の境界部に，鉄骨のフレームを設ける。

上記の補強の内，中心となるのは外周の鉄骨フレーム補強である。計画段階において耐震補強とデザインの融合を考えたファサードパターンを模索した（写7-12）。建築主も交えた議論の末に，くの字ブレース案を採用した。補強ブレースは，昼はブラインドを背景としてガラスを透過して認識され，夜になると青色のLEDライトによって象徴的に表現される。

地上，地下とも，柱は建物外周より少し内側に配置されている。地上部は片持ちスラブを400mm撤去して鉄骨フレームを設け，床面積が変わらないようにした。柱，ブレースは300×300mmのボックス断面，梁および間柱はせい300mmのH形鋼（H-300×200，H-300×150）を用いた（図7-10）。

北面1階部分は出入り口の関係で偏心ブレースの形式を用いており，2階大梁は大きな曲げ強度が必要となるため，梁せい1,000mmのH型鋼を用いた。鉄骨梁と既存大梁との間につなぎの鉄骨部材を設け，鉄骨部材にスタッドボルトを設け，本体大梁のアンカーとの間をグラウトモルタルで一体化した（写7-13）。建物の西面は，既存大梁の外面と鉄骨フレーム内面との間隔が1.4mあるため，鉄骨の水平トラスを，北面は0.76mの離れ寸法であるフルウェブの水平梁を設けた。鉄骨フレームは水平力を負担するため強固な基礎構造が必要となる。鉄骨を地下外周壁の内側に降ろし，地下の柱，壁と一体として，既存の地下室が基礎の役割をもつ計画とした。

建物内部でも，短手方向に鉄骨フレーム補強を行っている。特に1階エントラン部分は強度を確保するため2列の補強フレームを配置し，デザインとして表現している（写7-14）。

浜松サーラ

浜松市内にある複合ビルの耐震改修である（写7-15.16）。既存建物の平面形状は，地下1階から4階までが矩形であり，5階以上で中央部がくびれて二つのブロックに分かれた形態となっている。地下1階から3階まではSRC造が主体構造であり，4階以上はSRC造とRC造が併用されている。本プロジェクトでの中心的な補強は，建物の外周を連続的にスパイラル状に取り巻くように鉄骨ブレース付きフレームを配置す

浜松サーラ
設計　青木茂建築工房
所在地　静岡県浜松市
竣工年月　2010年10月
延床面積　14,627㎡
階数　地下1地上7建
構造種別　S

ることである（図7-11）。既存建物は，柱・梁が外周面に沿って配置されているので，外付けブレース補強が容易に行える。ただし，東西面の低層部分にはバルコニーやアトリウムがあり，外壁面への補強が行いにくい状況であるが，もともと，短手方向の下層階はSRC造で耐震性能は比較的高く補強が不要な部分であった。建物の南西の隅では，補強ブレースを建物の外部まで延ばし，基礎を新設して補強材とした。通常のブレース補強では，四周に柱・梁の鉄骨の枠部材があるが，この方法はフレームのエッジが斜めのラインを構成していることが特徴である。このために，ブレースと柱・梁の力の釣合いが通常の補強フレームの場合と異なり，ブレースの軸力の水平方向成分と鉛直方向成分は隣接するスパンの部材との釣合いによって成り立つ。柱，梁，ブレースは300mm×300mmまたは350mm×350mmのH形鋼を用い，ブレースはカバープレートを付けてボックス断面とした。補強材の柱，梁と既存建物の柱，梁を一体化している（写7-17）。

　上記の外周フレームの補強以外に，分棟となっている部分の内側の外壁や強度の不足する階には，内付けの鉄骨ブレース補強やRC耐震壁の打ち増し補強を行っている。

写7-15　既存建物外観

写7-16　改修後建物外観

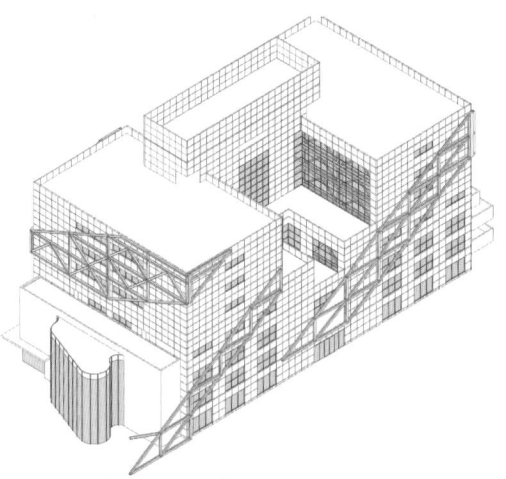

図7-11　スパイラル状のブレース補強

写7-17　補強フレームの取り付け

7.4　イメージを変えない耐震改修事例

> 自由学園初等部食堂棟

　本事例は文化的・歴史的建物に対しての補強例で，補強部材を既存部材と置換し，あるいは仕上げ内に内蔵するという手法を用い，空間を変えない改修を実現した。自由学園は1921（大正10）年に創立された学校で，今回耐震改修を行った初等部の食堂は遠藤新により設計され，1931年に建てられたもので，「東京都選定歴史的建造物」に指定されている。

　建物は大きな方形の屋根をもつ平屋建の木造建築であり，建物正面にある庭に対して開放された空間であり，全般的に耐力壁は少ない（写7-18）。方形屋根を支える主架構は，4隅に2本ずつ対になって配置された組柱と，柱間に設けられた4面のトラス梁によって構成されている。原設計では主架構のラーメンにより耐震性を確保する意図であったと考えられるが，トラス弦材端と柱の接合は径12mmのボルト4本のみであり，剛接架構として考えると接合部の耐力が不十分で耐震性能はかなり低い建物である（図7-12）。

　耐震改修においては，内外の建築意匠を極力変えないことと夏休みの1か月間で工事を実施できることが前提条件とされた。補強に必要な耐震壁面が少ないことから壁を利用した補強を行うのは難しいと判断し，上述した組柱とトラスのフレームを補強して全体の水平力負担を行うことを考えた。当時の設計図をもとに，必要な耐震性を満たす4つの補強方法を検討した（図7-13）。

A案（方杖案）：柱脚からトラスにかけて鉄骨の方杖を設置する案
B案（円弧フレーム案）：アーチ鉄骨を柱・トラス下弦に沿わせる案
C案（鉄骨トラス案）：軽量鉄骨を用いたトラスを新たに設ける案
D案（鉄骨フレーム案）：鉄骨ラーメンフレームを柱・梁に沿わせる案

　A・B案は既存の仕上げの解体量が少なくできるため，経済的であり工期も短くて済むが，室内に補強材が露出しイメージをやや変えてしまう。C案は鉄骨部材重量を減らし建物内への搬入を手持ちで行うことができ，かつ補強部材を天井内に隠蔽することができる。ただし，仕上げ材の撤去・復旧が広範囲に及び，工期の面で難がある。D案は木造部分に負担をかけず鉄骨フレームだけで地震力を処理できるが，鉄骨柱が室内に露出する。

　詳細な検討を行うにあたり現地の天井裏や床下の調査を行ったところ，設計図とは異なり2本の組柱のうち外側柱の柱頭は下弦材レベルで途切れており，トラス材と一体化されていなかった。外柱は鉛直荷重の一部を負担しているが，構造的には主要な部材となっていない

自由学園初等部食堂棟
設計　袴田喜夫建築設計室
所在地　東京都久留米市
竣工年月　2008年8月
延床面積　706㎡
階数　地上1建
構造種別　W

ことがわかったため、この柱を撤去し代わりに鉄骨の柱と梁を一体化したフレームを、この位置に設けることが可能と考えた（図7-14）。鉄骨柱に木造の仕上げを施し、梁は既存の天井内に内蔵することで補強前の状態と同じ状態となり、空間のイメージは変わっていない（写7-16）。鉄骨柱は角型鋼管□-200×200×9、梁はH-300×150×6.5×9を使用した。基礎は既存の木造柱を支えていた鉄筋コンクリートの基礎をそのまま利用して、鉄骨柱脚ベースをあと施工アンカーにより取り付けた（写7-20）。

写7-18 建物外観

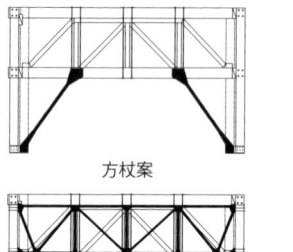

図7-13 補強計画案（方杖案／円弧フレーム案／軽量鉄骨トラス案／H鋼フレーム案）

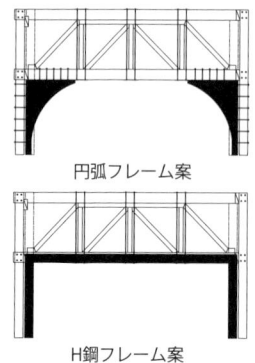

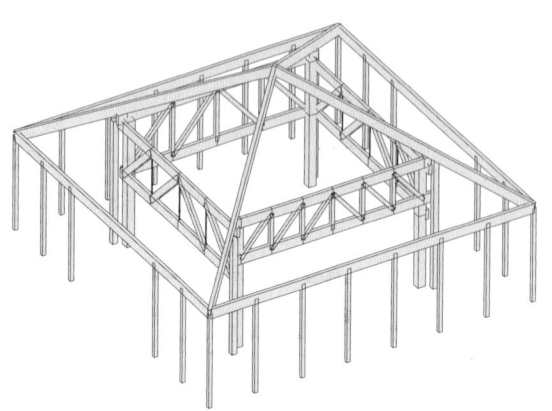

図7-12 改修前架構形状

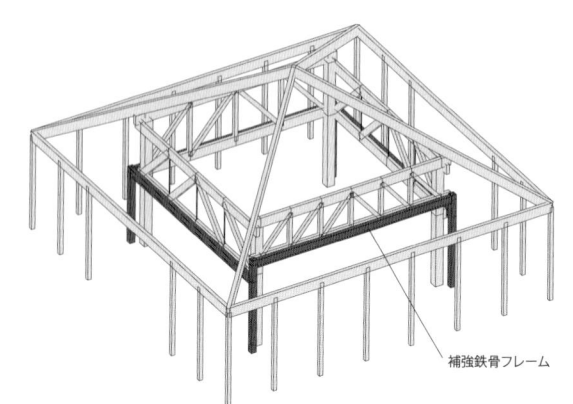

図7-14 改修後架構形状

写7-19 改修後建物内観

写7-20 鉄骨柱脚部

【第8章】

構造計画と解析

8.1　略算・簡易計算と詳細計算の役割

　構造設計においては，計画した内容を定量的に検証することが必要であり，設計のフェーズによって解析の意義や役割が異なる。初期の構造計画の段階では，短時間で結果を把握して計画の妥当性の検証することや複数案を比較検討することが目的であり，略算や簡易計算が有意義である。解析モデルは必要以上に精緻である必要はなく，考案した構造システムの定量的な裏付けが確認できればよく，構造体の基本的な挙動を理解することが重要である。モデルが複雑であると得られる情報も莫大なものとなり，構造物の本質を見極めることが困難になる。また，ここでの略算は後のプロセスで行われる詳細な計算の結果をチェックするための手段としても役に立つ。

　おおよその構造を決定した後には，詳細な解析モデルによって計算を行う。現在では，コンピュータ技術の恩恵により高度で複雑な応力解析が手軽にできるようになったが，コンピュータを利用して気軽に計算し，深く考えることなくその結果を受け入れることは慎まねばならない。コンピュータを利用した解析にあたっては，モデル化と結果の考察が重要である。実現象を完全に反映できる構造解析モデルをつくることは不可能であり，多くの仮定や前提により，荷重や部材特性を数値化して解析モデルが作成される。計算結果の判断においては，力が構造物の中をどのように流れているかということや，どのように力の釣り合いが保たれているかという意識とともに，モデル化の精度との関係を意識することも必要である。モデル化に際して現実との誤差がどの程度かという意識を持ち，モデル化の不確実性を考慮して余裕を見込んだ構造をつくる配慮が必要である。また，モデル化の差によってどのように構造物の応力状態が変わるのか，どのような条件の差異が応力状態に対して影響が大きいのかを知ることも重要である。一つの例を挙げると，支持条件の違いによる影響が大きいと思われる場合には，想定される極端な状態として，支持点が完全に拘束されている場合とそうでない場合との両方の場合について計算を行っておけば，実際の現象はそれらの中間にあるという考え方も有用である。

8.2　簡略化した解析モデルの考え方

　構造計画を進める際には簡略化したモデルを用いて検討を行うことが有用であり，その際には，構造物を分割して考える「分割モデル」，構造物の一部を取り出して考える「部分モデル」などがある。いずれの場合も，簡略化した解析モデルの支持条件やその部分に加わる外力に留意し，簡略モデルが元の構造体の一部と同等もしくは安全側

の評価となることが必要である。図8-1のように上部の大スパン架構とそれを支えている下部の構造を考えてみると、上部架構のみを取り出したモデルで考える場合には支持部の水平方向の剛性の評価により応力や水平反力が大きく異なる。上部構造の検討は下部構造の水平方向の拘束を小さめに評価して行い、下部構造については、上部架構の支持点の水平方向を完全に拘束した時の反力を外力として用いて検討することで、それぞれ安全側の検討を行う方法も考えられる。図8-2は「部分モデル」の例であり、全体の構造から代表となる部分を取り出してモデル化し、その部分が負担する外力を求めて（例えば、全水平力をフレーム数で割るなど）検討する手法である。

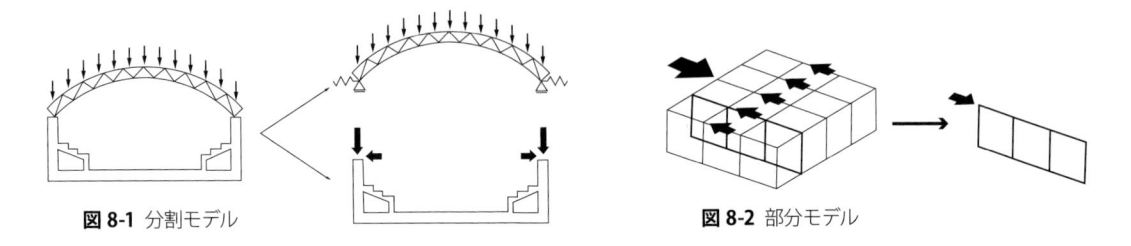

図 8-1 分割モデル

図 8-2 部分モデル

　構造設計において段階的に異なった解析モデルを使用した一例として、京都駅ビルアトリウムについて紹介する。基本設計初期の段階では、コンペ案で提示されていた形状を基にしてグリッドの大きさ、部材の構成、支持方法、エキスパンションジョイントの位置などの検討から始めた。アトリウムは南側では建物に取り付いているが、北側（駅前広場側）はヤグラと呼ばれる4本柱の鉄骨フレームが約23mピッチに立てられ、そこで支持されている。形状と支持形態から考えると、短手方向に一方向のトラスを配置し、東西方向には支持点に力が流れるような仕組みをつくることがよいと考えた。この時点では、図8-3に示す①のように南北方向に1グリッド分のトラスを切り出した平面フレームモデルや、②のように1か所のヤグラを中心としてヤグラ間の1ユニットをモデル化した立体解析モデルの検討を行った。これらは、ダブルレイヤーのトラス部材を曲げ・せん断・軸剛性が等価となるようシングル部材に置換したものであり、トラスピッチ、トラスせい、部材断面の検討を行った。検討に用いた荷重は鉛直荷重、風荷重、地震荷重であり、単純なモデルにより数多くの可能性を検討するという段階である。

　次の段階では、本体建物との接合の方法が課題であった。レベルの異なる位置で建物と取り付いているため、アトリウムと建物を緊結させた場合には建物の水平変位によってアトリウム鉄骨に応力を生じることが問題であった。この問題を検討するため、③にようにアトリウムの半分について、ダブルレイヤーのトラス材をシングルレイヤーの

曲げ材に置き換えたモデルを用いて検討を行った。アトリウム中央に対称軸を想定し，西側半分を対称とした解析モデルをつくり，境界は対称性を考慮した支持条件を設定した。地震時に建物が水平方向に変形することの影響は，支持点に変位を与えて検討した。シングルレイヤーモデルで解析を行うことにより，トラス応力をマクロな軸力・曲げモーメントとして把握し，解析で扱う情報量を減らした。シングルレイヤーモデルの解析結果から，曲げモーメントと軸力より弦材軸力を，せん断力よりラチス材軸力を換算して断面の検討を行った。

写 8-1 京都駅ビルアトリウム

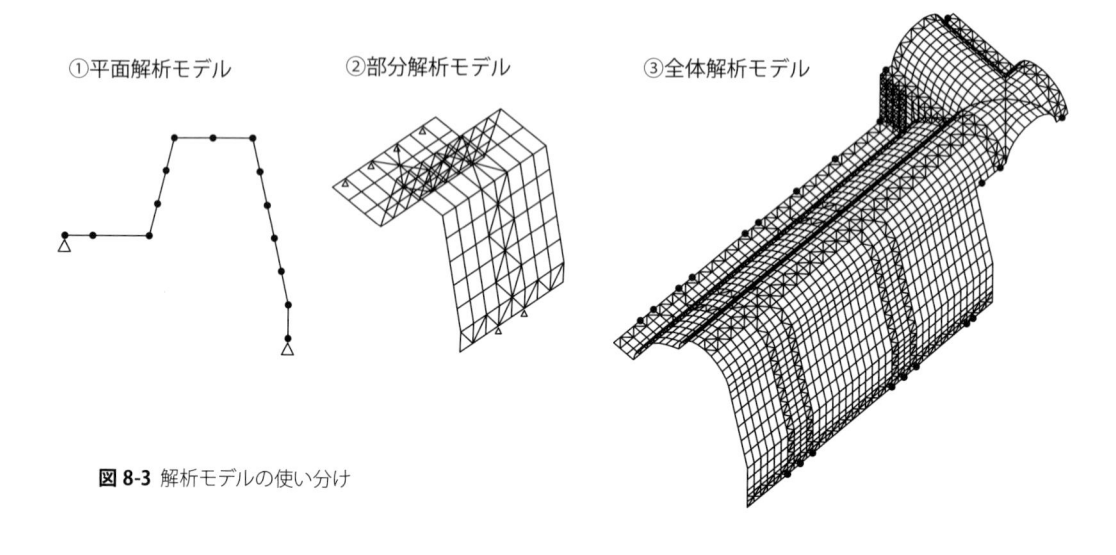

図 8-3 解析モデルの使い分け

8.3　略算・簡易計算の具体的方法

(1) 基本の力学公式

　構造体の形状はさまざまであるが，略算の際に基本となる公式は，単純支持梁，両端固定梁，片持ち梁の曲げモーメント（M），せん断力（Q）と鉛直たわみ（δ）の式である。床組の構成によっては梁に加わる荷重分布が特殊な形となるが，荷重負担の効果が近似できる範

$P' = \dfrac{wL}{2}$

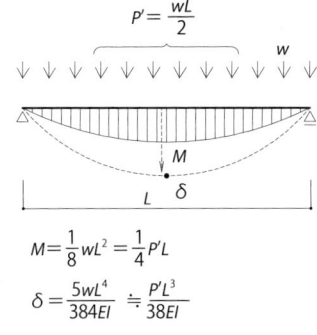

$M = \dfrac{1}{8}wL^2 = \dfrac{1}{4}P'L$

$\delta = \dfrac{5wL^4}{384EI} \fallingdotseq \dfrac{P'L^3}{38EI}$

図 8-4 両端支持梁における荷重の置き換え

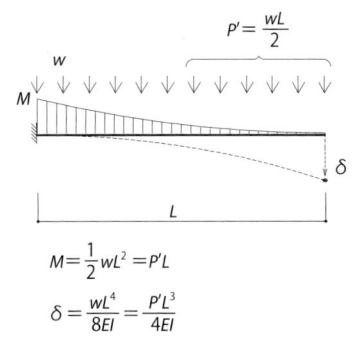

$P' = \dfrac{wL}{2}$

$M = \dfrac{1}{2}wL^2 = P'L$

$\delta = \dfrac{wL^4}{8EI} = \dfrac{P'L^3}{4EI}$

図 8-5 片持ち梁における荷重の置き換え

囲で等分布荷重と集中荷重として考慮することで十分である。またトラスやアーチの応力の推定は単純梁の公式が元になる。

この公式を眺めていると，いろいろなことがわかってくる。荷重分布型について考察すると，両端支持梁において等分布荷重（w）の代わりにスパン半分の集中荷重（$P' = wL/2$）により式を書き直すと（図8-4），$M = P'L/4$，$\delta \fallingdotseq P'L^3/38EI$ となり，P' を用いて中央集中荷重の式を適用すると最大曲げモーメントは等しく，変位は多少大きめに評価される。片持ち梁についても同様で，等分布荷重（w）をスパン先端部の半分の荷重（$P' = wL/2$）により式を書き直すと（図8-5），$M = P'L$，$\delta \fallingdotseq P'L^3/4EI$ となり，P' を用いて先端集中荷重の式を適用すると最大曲げモーメントは等しく，変位は多少大きめに評価される。いずれの場合も荷重分布形を変えても，応力，変位はあまり変わらない。

等分布荷重を受ける片持ち梁と両端単純支持梁とを比較すると，スパン L_0 の両端単純支持の最大曲げモーメントは $wL_0^2/8$ となり，スパンを2倍にすると $wL_0^2/2$ となって，片持ち梁の等分布荷重と等しくなる。すなわち最大曲げモーメントに着目すると，片持ち梁はスパンが2倍の両端単純支持梁と同等である。変位に関しては，係数が約 1/76（5/385）と 1/8 の 4 乗根の比率，つまり 1.8 倍（$\sqrt[4]{76/8}$）のスパンとなっていることと同等である。梁の端部に固定度があると，この比率はさらに大きくなる。片持ち構造は，力学的に効率の悪いことが定量的に理解できる。

表 8-1 基本の力学公式

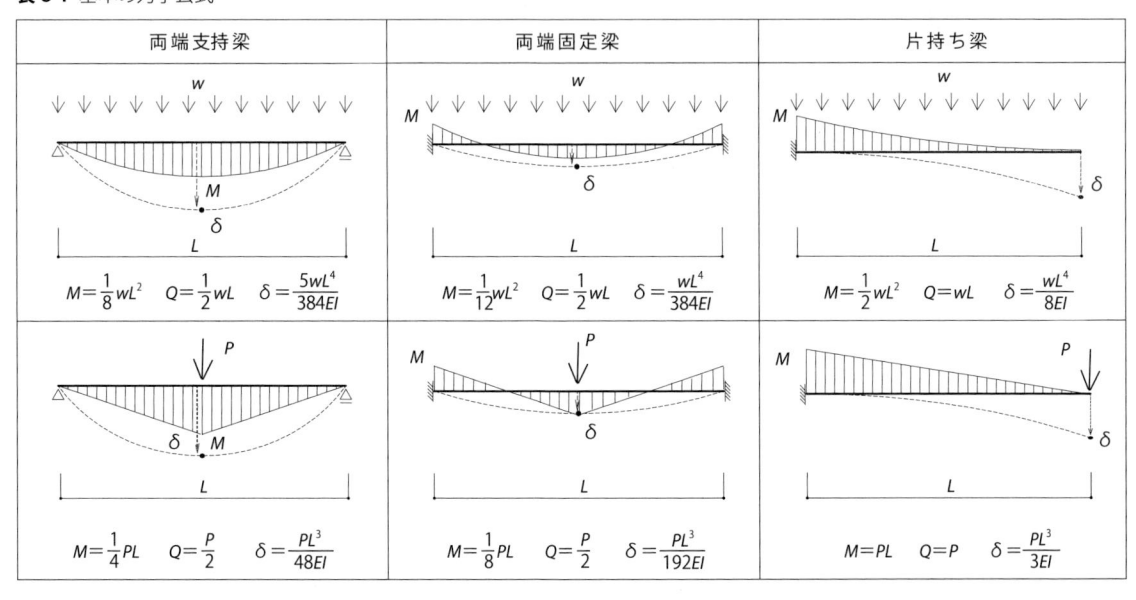

両端支持梁	両端固定梁	片持ち梁
$M = \dfrac{1}{8}wL^2$　$Q = \dfrac{1}{2}wL$　$\delta = \dfrac{5wL^4}{384EI}$	$M = \dfrac{1}{12}wL^2$　$Q = \dfrac{1}{2}wL$　$\delta = \dfrac{wL^4}{384EI}$	$M = \dfrac{1}{2}wL^2$　$Q = wL$　$\delta = \dfrac{wL^4}{8EI}$
$M = \dfrac{1}{4}PL$　$Q = \dfrac{P}{2}$　$\delta = \dfrac{PL^3}{48EI}$	$M = \dfrac{1}{8}PL$　$Q = \dfrac{P}{2}$　$\delta = \dfrac{PL^3}{192EI}$	$M = PL$　$Q = P$　$\delta = \dfrac{PL^3}{3EI}$

(2) ラーメンとしての柱・梁の応力

ラーメン架構は不静定構造物であるが，固定法や D 値法の概念を利用するとおおよその応力を得ることができる。鉛直荷重に対しては，梁の C, M_0, Q を求め，外柱による固定度を $0.8C$ 程度とすれば，梁と柱の概略の曲げモーメントが得られる。柱軸力は負担面積と単位面積当たりの重量の積により別途に求める。地震時の部材応力の概算は，以下の手順による。まず，平均的な単位面積当たり重量と各階床面積から建物重量を概算して，各階の地震時せん断力を求める。次に，柱1本当たりのせん断力を求めて，反曲点を中央と仮定すると柱の曲げモーメントが得られる。この際，中柱に対して外柱の水平力負担を0.7倍などとして考慮する。求めた柱の応力から節点での力の釣り合いを考慮して，梁の曲げモーメントとせん断力が得られ，梁のせん断力を上部の階から順番に足し合わせていくと柱の地震時軸力となる。

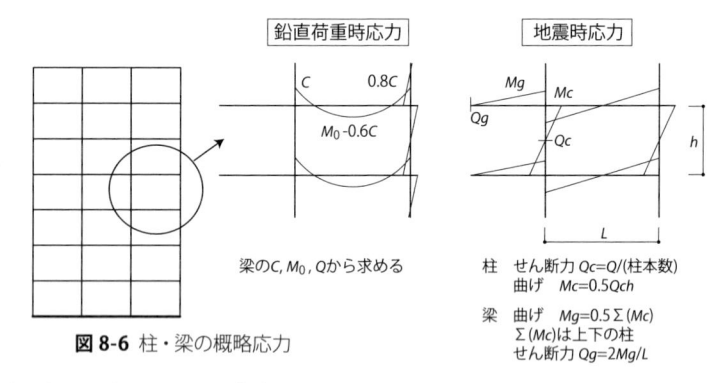

図 8-6 柱・梁の概略応力

(3) トラスとアーチの応力

単純梁の応力公式を基本とすれば，トラスの概略応力やアーチや吊り構造の概略応力を計算することができる。トラスでは，単純梁の曲げモーメントをせいで除して弦材の軸力を，せん断力の角度成分を考慮してラチス材の軸力を求めることができる。アーチでは，単純梁の最大曲げモーメントをライズで除すると水平反力が得られ，水平反力と鉛直反力のベクトルの和が部材の最大軸力となる。したがって，ライズが小さいと軸力が大きくなる。円弧アーチでは軸力以外に曲げモーメントが発生するが，図形的に放物線アーチからずれている距離と軸力を乗じた分が曲げモーメントとして部材に生じる。

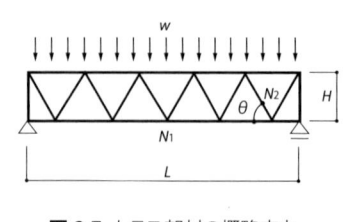

梁としての応力
$M = \dfrac{wL^2}{8}$ $Q = \dfrac{wL}{2}$

トラスの軸力
弦材 $N_1 = \dfrac{M}{H}$
ラチス材 $N_2 = \dfrac{Q}{\sin\theta}$

図 8-7 トラス部材の概略応力

$R_H = \dfrac{wL^2}{8H}$
$R_V = \dfrac{wL}{2}$

放物線からずれている距離とその部分の軸力との積が，曲げモーメントとして生じる

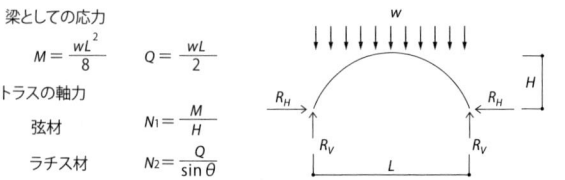

図 8-8 アーチ部材の概略応力

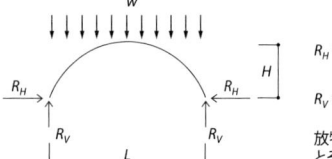

(4) 略算，簡易計算の事例

前章までに取り挙げた建物について，略算や簡易計算の例を示す。一見複雑そうに見える構造でも，単純な力学公式をもとに応力の概算ができ，精算モデルの解析結果のチェックに役立つ。

K本店びん詰工場

スパン 8.85 mの折板構造の屋根の応力を求める。建物短手方向について，梁高さ 2.34mの単純梁と考えて，曲げモーメントと断面係数から面内方向の軸応力度を求める。得られた軸応力度に厚みを乗じたもの（128kN/m）は，FEM解析で得られた面内方向の軸力の最大値とほぼ一致する。また，直交方向は板の幅は4.544mあり，面外の曲げ応力を生じるが，この部分を傾斜した4辺固定スラブと見なして曲げモーメントを求めると，得られた値（5.9kN・m/m）はFEM解析で得られた面外方向の曲げモーメントとほぼ一致する。このように，略算によってFEM解析による結果の妥当性をチェックができる。

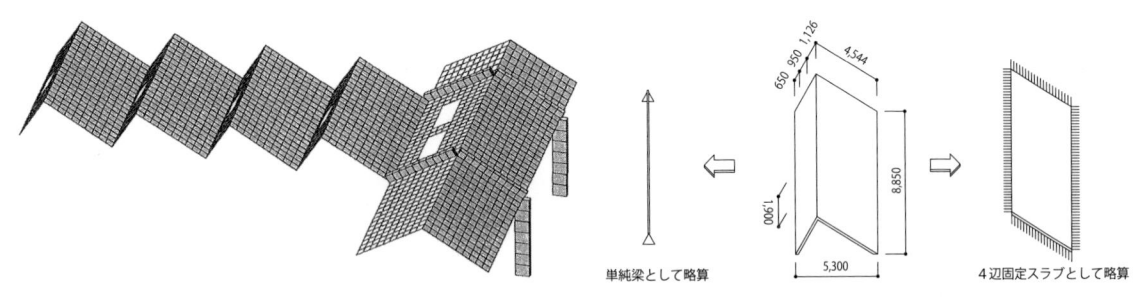

図 8-9 折板屋根全体の解析モデル

図 8-10 折板屋根の略算検討モデル

折板を単純梁と見なして，応力を検討する。1組の折板の支配幅は5.3m，実平面に対する分布荷重（5.2kN/m²）であり，勾配を考慮すると水平投影面に対しては1.3倍される。単純梁としての曲げモーメントは下記となる。
  $w = (5.2 \times 1.3) \times 5.3 = 35.8$ kN/m
  $M_0 = 35.8 \times 8.85^2 / 8 = 350$ kN・m

折板の断面係数を，等価な面積を持ち，梁せいの等しい矩形板に置き換えると，幅45cm，せい234cmの梁となるので，これより略算的に断面係数を求める
  $Z = 45 \times 234^2 / 6 = 410{,}000$ cm³

曲げ応力度は，
  $\sigma_b = 350 \times 10^5 / 410{,}000 = 85$ N/cm²

FEM解析の結果と比較するため，厚さ分の応力を求める
  $\sigma_{b'} = 85 \times 15 = 1{,}280$ N/cm = 128 kN/m
  ⇒ FEM解析のA,C点の軸力 120〜140kN/m

板の面外曲げは，4辺固定スラブとして検討する。
  $M = 5.2 \times 4.52^2 / 18 = 5.9$ kN・m/m
  ⇒ FEM解析のB点の曲げモーメント 5〜6 kN・m/m

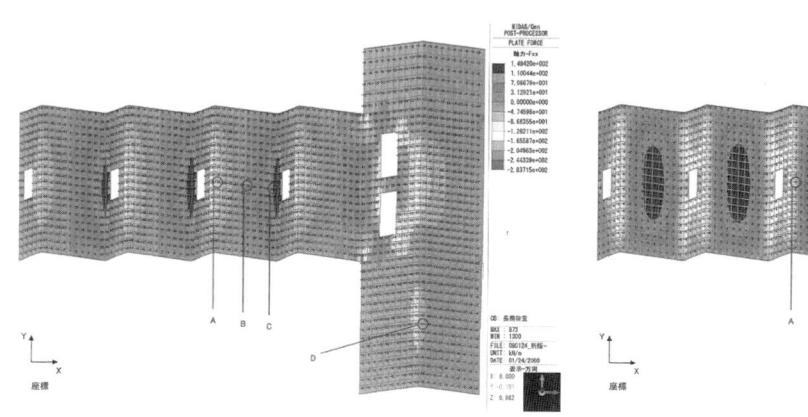

図 8-11 折板屋根の FEM 解析結果
（Y 方向　面内軸力）

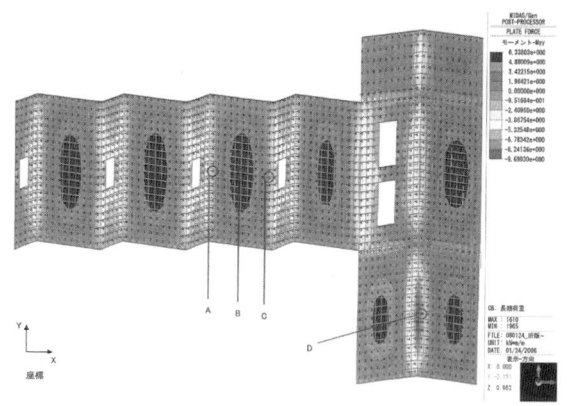

図 8-12 折板屋根の FEM 解析結果
（X 方向　面外曲げモーメント）

熱海リフレッシュセンター

　客室を支えるスパン 25.2m のトラス構造の応力を，略算で検討する。屋根，4 階床，3 階床の荷重を分布荷重として扱い，マクロに見た梁の曲げモーメントとせん断力から，弦材とラチス材の軸力を求める。この構造はプレストレス造であり，引張力をすべてプレストレス力でキャンセルするように計画した。12.8mm の直径のケーブル 6 本を一体とした 1 組のケーブルの有効導入力を約 600kN と考えると，それぞれの部位での必要なケーブル本数が得られる（図 8-14）。

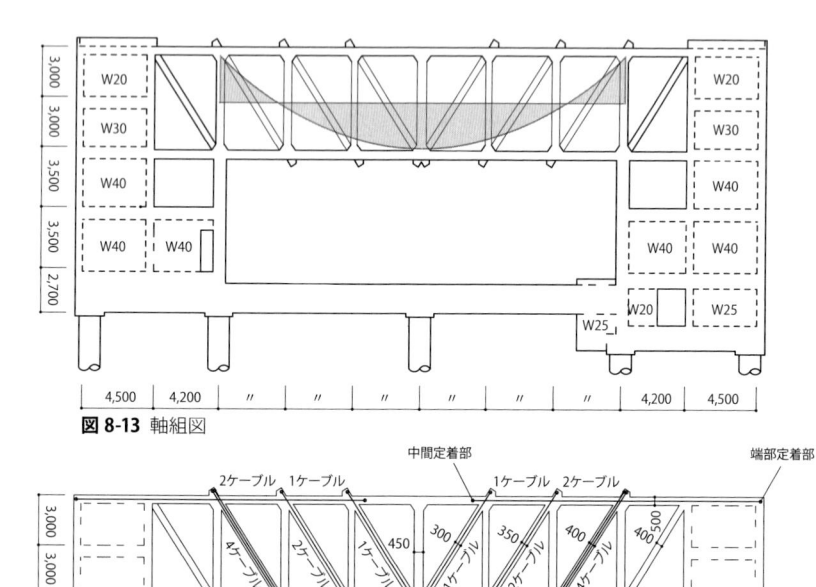

図 8-13 軸組図

図 8-14 ケーブル配線図

156　　第 8 章　構造計画と解析

> トラスの荷重負担幅は 4.8m であるので，トラスに加わる荷重を等分布荷重で表す。屋根 :10kN/m²，4 階床 :10kN/m²，3 階床 :12kN/m² と仮定すると，
> $w=32×4.8=154$kN/m
> スパン 25.2m の梁の C, M_0, Q を求める
> $C=8,150$kN·m, $M_0=12,200$kN·m, $Q=320$k
> トラスは両側に耐震壁がついているので，端部で固定度が見込める。端部の曲げモーメントを $0.8C$，中央部の曲げモーメントを M ($M_0-0.3C$) と仮定する。
> 端部の曲げモーメントと弦材の軸力
> $M=6,520$kN·m, $N=6,520/6.0=1,080$kN　⇒ケーブル 2 本
> 中央の曲げモーメントと弦材の軸力
> $M=9,780$kN·m, $N=9,780/6.0=1,630$kN　⇒ケーブル 4 本
> ラチス材は分布荷重からその部位で負担するせん断力を求め，角度補正を行って軸力を求める
> 内側のラチス：$N=154×2.1×1.06=340$kN　⇒ケーブル 1 本
> 内側から 2 番目：$N=154×(2.1×3)×1.06=1,030$kN　⇒ケーブル 2 本
> 内側から 3 番目：$N=154×(2.1×5)×1.06=1,710$kN　⇒ケーブル 4 本

新潟市葛塚中学校体育館

　木造とケーブルで構成された屋根架構の応力を略算で検討する。単純梁の応力を求め，それを基に上下弦材の軸力を求める。上弦材の木造梁は束材の位置で接合されるが，接合部ではモーメント伝達をほとんど期待できないので，この部分はピン接合として計算を行った。最終的な検討は立体解析を行っているが，中央部分の最大スパンに生じる部材の応力は略算の検討値とほとんど同じである。

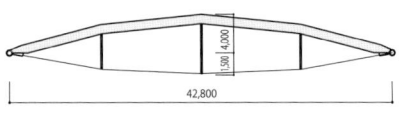

写 8-2 屋根構造図　　**図 8-15** 張弦梁の断面

> 3m ピッチの斜め格子梁なので，荷重負担幅が 1.5m の梁と考える。
> 固定荷重と積雪荷重を，トラスに加わる等分布荷重として表す。
> $w=(2.5+3.2)×1.5=8.6$kN/m
> スパン 42.8m の単純梁の M_0 を求める
> $M_0=8.6×42.8^2/8=1,970$kN·m
> 曲げモーメントを上下弦材の軸力に変換する
> $N=1,970/5.5=358$kN　⇒詳細な立体解析の結果：334kN
> 上弦材の木造梁の曲げモーメントは，束材間（スパン 11m）での単純梁として求める。
> $M=8.6×11^2/8=130$kN·m　⇒詳細な立体解析の結果：128kN·m

プリズム（Uグループ本社ビル）

　4隅に4本柱と偏心ブレースで構成されたコアがあり，最上階をトラス梁でつないだスーパーストラクチャーの構造である。高層建築であり計画上の支配的な荷重は地震荷重となるため，地震時にコアの柱に生じる応力を略算で検討する。スーパーストラクチャーの特性を考慮し，マクロにみたフレームの曲げモーメント分布を想定し，1階の曲げモーメントから地震時の柱軸力を求める。得られた柱軸力は実施設計時の立体解析の結果よりやや大きいものの，大まかな検討として十分な精度である。コア部分は偏心ブレース構造であるため，柱のせん断力によって曲げモーメントが生じる。これに対しても，略算による検討で大まかな数値が得られる。

写8-3　建物外観 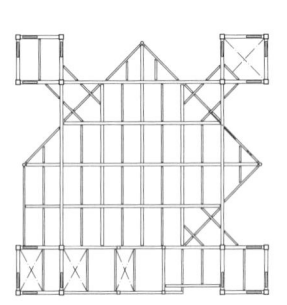　　　図8-16　伏図 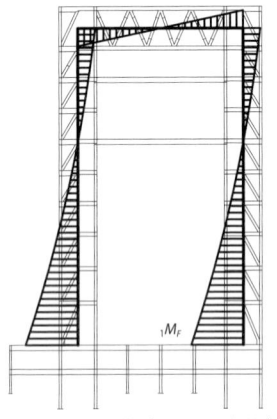　　　図8-17　曲げモーメント分布想定図

代表的な階の床面積は約1,000m^{2}であり，単位面積当たりの建物重量を8.0kN/m^{2}とすると，1層当たりの重量は8,000kNとなり，建物全体では72,000kNとなる。建物高さは56mであり，Rt=0.625，C_0=0.125となるが，余裕を見てC_0=0.15と考える。1階での層せん断力は，10,800kNとなる。
建物全体のせん断力が高さの70%のところに作用していると仮定すると，転倒モーメントは以下となる。
　　M=10,800×56×0.7=423,000kN・m
コアとしてのフレーム数はそれぞれの方向で8面あるので，1フレーム当たりの転倒モーメントは，
　　M_F=423,000/8=52,900kN・m
スーパーストラクチャーとしての柱の反曲点を0.7と仮定すると，1階部分での転倒モーメントは，
　　$_1M_F$=52,900×0.7=37,000kN・m
スパンで除して柱軸力を求める。
　　N=37,000/5.5=6,730kN　⇒詳細な立体解析の結果 5,570kN
偏心ブレース構造であるので，柱にもせん断力と曲げモーメントが生じる。
　　Q=10,800/16=680kN
　　M_C=680×6.7×0.6=2,700kN・m

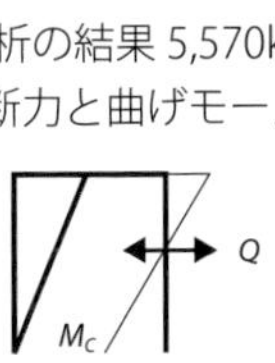

【第 9 章】

構造設計・構造設計者の今後の展望

本書は構造計画について記したものであるが，耐震強度偽装事件をはじめとする近年の社会状況の変化により，構造設計者はもはや専門家として建築の世界だけに閉じこもって活動するだけでは済まなくなってきている。終章として，構造設計や構造設計者を取り巻く状況を総括し，今後の構造設計者が歩むべき道を考察してみたい。

9.1 構造設計者を取り巻く状況

わが国における構造設計や設計者を取り巻く状況を，歴史を振り返って考えてみる。近代建築は明治時代に西洋から導入されたことから始まり，当時は西洋技術を模倣したレンガ造が中心であった。1891年の濃尾地震によりレンガ造の耐震上の欠点が明らかとなり，この頃より鉄骨，鉄筋コンクリートを用いた建物が建設されるようになった[17]。大正時代になると，構造設計の理論や方法も急速な展開を見せ，技術者教育も重視されるようになる[18]。また，鉄骨構造や鉄筋コンクリート構造に対する法規定として1920（大正9）年に市街地建築物法が施行，関東大震災後に改正が行われ，日本独自の耐震構造として形をなした。このような背景のもとに大正中期には構造工学が急速に専門化し，設計者として意匠と構造を一人で兼ね備えることが困難となり，構造設計という専門分化が始まった。ただし，当時の構造設計とは意匠設計者が描いた設計図に基づき構造計算を行って断面を決める行為が中心であったと言われている。

昭和に入ると，近代建築を学んだ先進的な建築家たちは，新しい建築の実現のためには建築デザインそのものに構造的な側面からのアプローチも必要であると考え始め，構造設計に期待を求めた[19]。それらの思いは第2次世界大戦後になって建築家と構造設計者との協働作業へと開花し，特に1950年代，60年代には新しいさまざまな構造形式の建築が生み出された。それ以来，建築設計と構造設計の融合については多くが語り実践され，構造設計者の存在が建築界の中では認識されてきている。

一方，構造設計者の職能に関しての動きについて振り返ってみると，1954（昭和29）年に日本建築家協会内に構造小委員会が設置されて業務や報酬について検討が行われ，その活動を発展させることを目的に1967年に「構造懇談会」が結成された[20]。しかし，これらは一部の人たちの動きにとどまったままであり，社会との関係は希薄であった。その後，解析理論や施工面での新技術や材料の発達による設計内容の充実や，高層建築や大空間建築，複雑な大規模建築などの実現により構造設計者の役割も責任も大きくなってきたが，専門家集団として結集することはできなかった。そんな状況の中で大きな動きが

起こったのは，新耐震設計法の制定がきっかけであった。構造設計者の危機感が募り，1981年に約1,000名の会員により構造家懇談会が発足し，1989年に法人化されて社団法人日本建築構造技術者協会（JSCA）となり今日に至っている。構造家懇談会やJSCAでは，構造設計者の職能の確保や社会に対しての構造設計者の認知が大きな目的であった。しかし，一般的には設計者とは意匠設計者であると認識されており，確認申請など法的な手続きにおいてもひとりの一級建築士により設計がなされているとの扱いがあり，構造設計者の存在が意識される必要性は少なかった。

2005年11月，衝撃的な事件が明らかとなった。ひとりの一級建築士が構造計算書を偽装し，建築基準法の規定に満たない強度を有する建物の設計を行い，その建物が審査機関の確認申請を経て建設されたこと，それが分譲マンションであり，建設したデベロッパーが販売し終わっていたため，購入者が被害者となったというものである。この問題は設計者による構造計算の違法行為だけではなく，審査制度のあり方，設計者資格のあり方，消費者保護の仕組みのあり方などの多くの議論を生み，その後の制度改正につながるものであった。

従来の違法建築や欠陥建築といった話題の際に，意匠設計者や施工者が話題となることはあっても，構造設計者が話題となることはなかった。通常，建築主との関わりをもつのは意匠設計者であり，設計者といえば意匠設計者がイメージされ，構造設計者は世間からは遠い陰の存在であった。まして，構造計算書や構造設計図の存在を知る人は少なかった。この事件により構造設計者がクローズアップされ，一般社会に構造設計や構造設計者の存在が知れ渡った。しかし，そこで浮き彫りにされた構造設計者の姿や仕事の内容は，ごく一部である。事件発生直後のマスコミの報道では，構造設計者は下請けとしての業務であり，コンピュータ相手に黙々と設計を行う専門家であるというようなものが多く，真の姿はほとんど紹介されていない。これ以降も，JSCAなどでは社会に対して構造設計者を認知してもらう活動を続けられているが，まだ不十分であると言わざるを得ない。構造設計者自身が，社会との関わりを深めていく努力が求められている。

9.2　構造設計と法規定

わが国で建築の設計を行い，建設しようとする場合には，建築基準法を踏まえて設計を行い，確認申請を取得する必要がある。建築基準法は一連の施行令，告示などを含めると膨大な規定があり，荷重や材料の許容応力度，構造計算の種類やその方法などが規定されており，おおよその内容を熟知するまでには，時間もかかるし戸惑う

---

17) わが国初の鉄骨造建築物は，1894（明治27）年に3階建の「秀英舎印刷工場」が，造船技師の若山鉱吉の設計でつくられている。また，鉄筋コンクリートの建物は，1906（明治39）年に2階建の神戸和田岬の倉庫が，土木技師の白石直治の設計によってつくられている。

18) 大正時代には，佐野利器，内藤多仲，内田祥三らによって構造に関する研究が進み，佐野は「家屋耐震構造論」（1915年）を，内藤は「架構耐震構造論」（1922年）を発表した。教育面では，東京帝国大学造家学科において，1903年に横河民輔が鉄骨構造学の講義を，1905年には佐野利器が鉄筋コンクリート構造の講義を始めている。

19) 昭和10年ごろより，吉田鉄郎，坂倉準三，前川國男など，合理性を重んじる近代建築の実現のための構造的な追及が必要であると考える建築家が活躍を始めた。また，坪井善勝，坂静雄などによる板構造の理論研究も始められ，建築構造の新たな局面を予感させるものであった。

20) メンバーは，横山不学，成田春人，奥田勇，織本匠，青木豊，木村俊彦，坪井善勝，平田定男，青木繁，山口昭一らである。この会の活動は主に「構造設計家の業務および報酬規程」を提案することであった。しかし，日本建築家協会そのものは建築家の集まりであり，その中で構造設計を専業とする人はごく少数のため，懇談会の提言は建築家の理解は得られず，この規程が一般的に普及することはなかった。

21) 地震力の大きさと建物の状況については，例えば下図のような関係で表わすことができる。横軸は地震動の大きさを示し，右に行くほど頻度が少なく，規模としては大きな地震である。縦軸は地震後の建物の状態であり，最上部は無被害で下の方が被害が大きい状態を示している。通常は頻度の高い地震に対しては被害を許容せず，頻度の低い地震に対しては被害を許容すると考えるので，地震動の大きさと建物被害の状況は右下がりの直線で示される。この直線の位置は最低レベル（太い線）の右側であれば自由に設定でき，右側に位置するほど建物の安全性が高まることを示す。

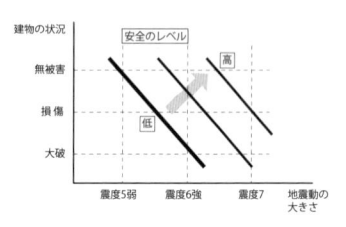

22) 構造設計の行為の中での法規定の位置付けは，下図のように考えられる。すなわち，設計で決めることの中には法規定を拠り所として決めるべきものもあるが，それだけですべては決定できず，建築学会などの技術規定やメーカーの技術情報などを検討して決定していくものがある。これらの技術情報をもとにしながらも，最終的には設計者の工学的判断によって設計内容を決めていくことが多い。

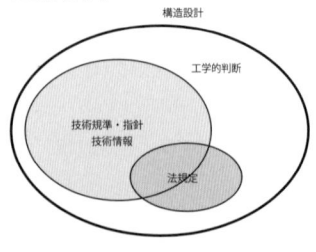

ことも多い。かつては建築基準法では基本的な事項のみを規定し，それ以外の内容は工学の知識もとに設計者の判断で扱うとされていた。しかし，耐震強度偽装事件以後に法規定が詳細化され，審査の厳格化も伴って構造設計にとっては足かせとなる部分が増えている。

建築構造の安全は自然現象を相手にしているものであり，本来はどこまでが安全でどこから先が危険であるという境界はなく，連続的なものである。したがって，安全であるということを決めるとすると，地震・雪・台風などの自然現象の外力の大きさと頻度，その際に建築物がどのような状態であるべきかを合わせて考えると難しい問題である[21]。そこで安全に関して，社会的な合意事項として法規制を行うことが考えられている。この場合，法で決める安全性の程度は，建築構造において満足されなければならない最低基準という位置づけになるが，最低基準の意味を社会と合意しておくことが必要である。

建築は繰り返して同じものを大量生産する工業製品と異なり，個別性が高く一品生産であることが特徴である。高層ビルや大空間建築などの特殊な建築はもとより，一般的な建築であっても最先端の技術を取り入れて設計されるものは多く，また普遍的な技術を応用され工夫されて使われているものもある。構造設計は普遍的な工学に基づく必要があるが，個別性の要素が多いことが特徴となる。一方で技術規定は普遍性・統一性が必要となるため，その規定においては標準的な建物を前提にしてつくられる。そのため，すべての建物に一様に適用できる技術基準は限られ，設計のすべてを基準で網羅することは不可能である。

法はルールであるが，建築の構造はバリエーションが多いためルールをつくってもそれだけで良否を決められるものではなく，最終的には設計者の資質，判断，倫理観に委ねられるはずである[22]。法規定を満たすことは構造設計者としての義務であるが，それだけを目的として設計を行っても質のよい建物はできない。建物には造形性，機能性，経済性，安全性が必要とされ，それらの矛盾する与条件に対してバランスのよい解決法が必要となる。そのためには，構造設計者の技術力・工夫・配慮が不可欠である。

残念ながら現状の法制度は，創造的な設計活動を行う構造設計者にとって満足のできる状態ではない。しかし，構造設計の考え方が明確であり説明可能なものであれば，創造的な計画はできるはずである。長期的に考えるならば，社会は建築関係者に何を求めているのか，耐震強度偽装問題の再発防止策として今回の改正が適切なのか，法のあるべき姿は何かを継続的に議論していくことが必要である。

9.3　一般の人に対する構造設計者の説明

　社会が求める建築とは，美しくて，快適で，適正なコストで，なおかつ安全で，長持ちするものであり，専門的な用語に置き換えると造形性，機能性，経済性，安全性を求めているということになる。前の三つについては，社会と建築専門家の意識が比較的共有できていると思われるが，安全性については，専門性が高く，説明を聞いても判断が困難なことから，専門家と一般の人では意識は共有されにくい。特に耐震性については，地震がくるまで建物の性能がわからないので，当面は知らなくてもあまり不自由しないため，意識の共有が進まない。最近の地震被害の経験により，現行法では地震時に被害が許容されていることを初めて知った人は多い。

　耐震強度偽装事件以後，構造設計に関心をもつ人は増えてきている。しかし，今回の関心の高まりは重要なことが抜け落ちている。構造の性能に関心をもつ人が増えたことはよいが，法的な性能が満たされているかどうかに関心が集まり，法で規定している性能とは何か，それが許容できるものかなどの議論まで行き着いていない状況である。公的な審査が行われていたとしても，最終的に構造性能を説明できるのは構造設計者である。構造設計者は，建築主に対して自らの設計内容について想定する地震動や建物の状態，建築基準法との関係，安全性とコストの関係などを説明することが必要とされる。

　わかりやすい構造性能の説明とは，どのようなものだろうか。構造の性能にはさまざまなものがある。地震力に対する性能としては，地震力の大きさとその時の建物の状態とを組み合わせて説明することが明快であるが，一般の人が理解できるように行うことは難しい。建築基準法で規定している地震力の大きさとして，「まれな地震」，「極めてまれな地震」という表現を用いて「まれな地震時には建物は損傷せず，極めてまれな地震時には倒壊しない」という言い方があるが，これでは一般の人は理解できないだろう。少しわかりやすくするため再現期間の考え方を持ち込んで表現を行い，「まれな地震は建物存在中に一度起こる地震，極めてまれな地震は工学的に生じうるかもしれない地震」というように変えても理解しのにくさは変わらない。建物存在期間中といった場合，存在期間は建物によってまちまちであり，しかも今後は建物の長寿命化も考えられるので，不正確な表現をしていることになる。そこで，100年とか500年の再現期待値というような表現をすることが考えられるが，これでも専門以外の人には実感としてはわからない。また，建物の状態を表現する言葉もわかりにくく，倒壊，損傷という状態をどう説明すればよいのだろうか。

　一般の人に対しては，もっとわかりやすい表現が必要である。一つ

の方法としては，厳密さは欠いても身近な表現に置き換えてしまうことである。中小地震を震度5弱の地震，大地震を震度6強の地震に置き換え，「震度5弱程度では建物にほとんど異常は生じないが，それ以上になると建物の仕上材の破損やRC壁のひび割れが生じ，建物が傾くこともある。震度6強程度までは部分的にそのような損傷があっても床や屋根は落ちない」という説明をすると，ほとんどの人は理解できるのではないだろうか。この説明が工学的に適切ではないという指摘はあるだろうが，工学的に正確に説明して理解されないことよりも，大雑把でも明確なイメージをもって理解されることのほうが重要である。「同じ震度の地震であっても，大きさの幅はあるし，地盤や建物の形態によって受ける地震力の大きさが異なること，また構造種別によっても建物に発生する損傷の状況が異なること」を合わせて説明することも必要であろう。その上で，地震後の被害をどの程度まで許容できるかを話し合えばよい。さらに必要であれば，専門的な内容をわかりやすく説明することがよいと考える。

以下に，建築主などに説明をする時に使用している説明図を紹介する。図9-1は，地震力は地面が揺れることによって生じるが，建物にとっては水平方向の力を受けるものと考えること，またその水平力は建物重量に比例し，建物の固有周期（高さ）や地盤の硬さで比例係数が決まることを説明するものである。図9-2は，水平力を受けた構造物の弾性・塑性の挙動について示し，地震力の大きさと許容される建物の状況を説明している。図9-3はRC造や鉄骨造，ラーメン構造やブレース構造など構造の種類によって地震を受けたときの状態が相対的にどのように違うかを説明している。図9-4は，架構の計画では平面や上下階のバランスが重要であり，壁の偏在やピロティの危険性を説明するものである。

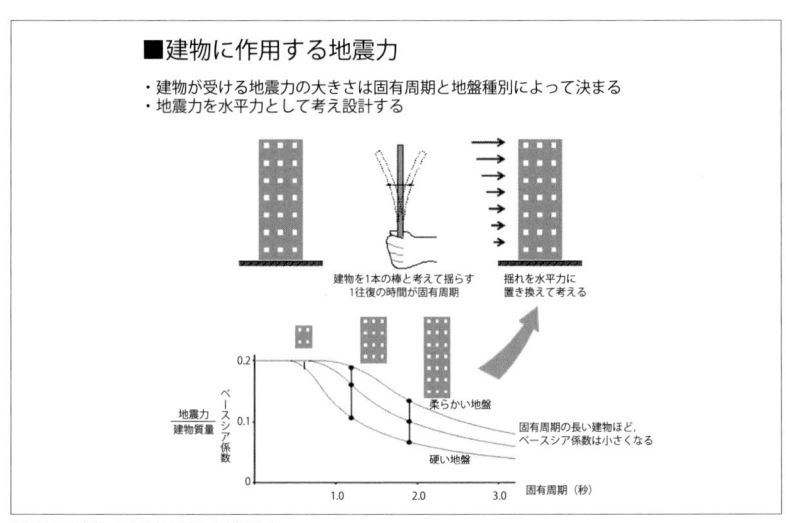

図9-1 建物の固有周期と地震力

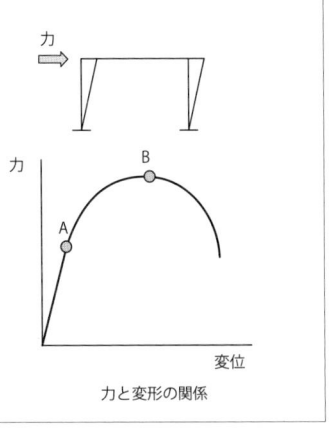

図 9-2 地震力と構造物の状態

図 9-3 構造種別による挙動の違い

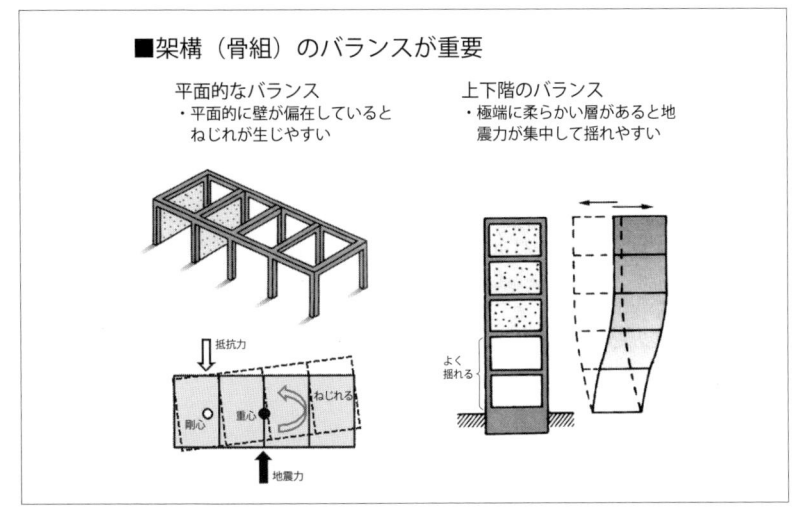

図 9-4 骨組のバランスの重要性

9.4 今後の展望

　構造設計は，個人，企業または公共の多額の資金を使い，大量の資源・資材を用いて地球上に建築物をつくり，人命・財産，また生活や社会活動を守る仕事であり，責任の重い仕事である。構造設計一級建築士[23]という専門資格ができたことにより，構造設計者の立場や責任は法律的にも大きいものとなっており，また今まで以上に建築主や社会とかかわっていくことが必要となる。かかわる世界が広がることにより，説明すべき相手や内容が増えることになり，コミュニケーションやプレゼンテーションの力が今まで以上に必要となる。

　2011年3月11日に発生した東北地方太平洋沖地震では，多くの人命や街が失われ，改めて自然の猛威や人間の想像の限界を思い知らされた。どんなに技術が進んだり，構造設計者が英知を尽くしたりしても，自然の猛威は侮れないものであり，設計者は謙虚な気持も忘れずに，人々の暮らしを支える建築の実現に力を尽くしていかなければならない。また，建築の安全・安心に関しては社会の要望や価値観が変化し，構造設計者を含めた建築界がそれに応えることが要望されている。

　このように状況が変わったとしても，構造設計の醍醐味や楽しさは従来と変わることはないであろう。社会が求める多様な建築に対して，アイデアを駆使し新しい技術を取り入れて構造を実現することは，十分にやりがいのある仕事である。構造設計をより充実させるためには，先達によって体系化された設計技術や研究成果の継承を図り，絶えず新しい構造技術や設計情報の習得や理解に努めることも必要であろう。

　今後，社会状況が変わっていく中で，要求される建物や使用される技術も変わることだろう。コンピュータ技術が発達していくことで，設計の手法そのものが変わることも想定される。しかし，実務的に設計の方法や内容が変わるとしても，本質として変わらないものもある。建築や自然など素晴らしいものを見たときの感動，時折自然が見せる猛威に対する驚愕，力学的秩序を理解できたときの喜びなど，人間がもっている感性と呼べるものがある。設計，特に発想とか創造といった本質的なものは，この感性に大きく依存するものと思われ，時代に関係なく不変のものである。構造設計に向き合うためには，変わること，変わらないことを見据え，構造設計者として，どのように活動するかを考えていくことが重要である。

---

[23] 構造設計一級建築士は，平成18年12月に公布された建築士法によりできた新しい国家資格である。一級建築士取得後5年以上の実務経験があり，所定の講習を受講して修了考査を合格した者に対して付与される。一定規模以上の建築物の構造設計については，構造設計一級建築士が自ら設計を行うか，構造設計一級建築士に構造関係規定への適合性の確認を受けることが義務付けられている。2010年3月の時点での資格保有者は約8,300人である。

構造計画の原理と実践

建物事例掲載誌
参考文献
図版資料・写真提供
著者紹介

建物事例掲載誌（＊は構造設計解説文が掲載されているもの）

京都駅ビル　新建築 1997 年 9 月号＊，日経アーキテクチュア 1995 年 11 月 20 日号，GA JAPAN 28＊，
　　建築文化 1997 年 9 月号
県立ぐんま昆虫の森 昆虫観察館　新建築 2006 年 9 月号
遊水館　建築技術 1997 年 6 月号＊，新建築 1997 年 5 月号，GA JAPAN 26，
　　日経アーキテクチュア 1998 年 6 月 29 日号，建築文化 1997 年 6 月号＊
国際芸術センター青森〈四季のアーケード〉　新建築 2003 年 1 月号＊
宇土市立網津小学校　新建築 2008 年 6 月号，新建築 2011 年 5 月号
House SA　新建築住宅特集 1999 年 8 月号，建築文化 1999 年 8 月号＊
沖縄県総合福祉センター　建築技術 2003 年 5 月号＊
ハウス・サイコ　新建築 2001 年 3 月号
姫路市水道資料館 水の館　新建築 1996 年 2 月号，日経アーキテクチュア 1996 年 5 月 6 日号
那覇イエス之御霊教会　新建築 1999 年 11 月号
麻生町民体育館　建築技術 1994 年 2 月号＊
ジグ　新建築住宅特集 2003 年 10 月号，GA HOUSES 75
札幌市都心部子供複合施設　日経アーキテクチュア 2004 年新年合併号
沖縄県総合福祉センター　建築技術 2003 年 5 月号＊
聖心女学院創立 100 周年記念ホール　新建築 2009 年 7 月号，日経アーキテクチュア 2009 年 6 月 22 日号
越後妻有交流館 キナーレ　建築技術 2003 年 11 月号＊，新建築 2003 年 9 月号，GA JAPAN 64
関門海峡ミュージアム 海峡ドラマシップ　新建築 2005 年 4 月号＊
釧路こども遊学館　建築技術 2005 年 11 月号＊
潟博物館　建築技術 1997 年 10 月号＊，新建築 1997 年 10 月号，建築文化 1997 年 10 月号＊
広島市立基町高校　建築技術 2000 年 8 月＊，新建築 2000 年 7 月，GA JAPAN 45，
　　日経アーキテクチュア 2000 年 6 月 26 日号，建築文化 2000 年 8 月
日本工業大学百年記念館 / ライブラリー＆コミニュケーションセンター　新建築 2008 年 4 月号＊
プリズム（U グループ本社ビル）　日経アーキテクチュア 1997 年 12 月 15 日号
兵庫県立美術館　新建築 2002 年 9 月号，GA JAPAN 58
LAPIS　新建築 2008 年 2 月号＊
三方町縄文博物館　建築技術 2001 年 5 月号＊，新建築 2000 年 6 月号，
　　日経アーキテクチュア 2000 年 5 月 29 日号
雪のまちみらい館　建築技術 1999 年 4 月号＊，新建築 1999 年 4 月号，
　　日経アーキテクチュア 1999 年 4 月 5 日号，建築文化 1999 年 4 月
マド・ビル　新建築 2006 年 7 月号，GA JAPAN 80
WEEKEND HOUSE ALLEY　新建築 2008 年 5 月号
熱海リフレッシュセンター　新建築 1990 年 3 月号，日経アーキテクチュア 1990 年 2 月 19 日号，
　　建築文化 1990 年 3 月号＊
ココラフロント SALA TOWER　新建築 2008 年 10 月号
リーテム東京工場　新建築 2005 年 7 月号＊
桜山の家　新建築住宅特集 2002 年 8 月号＊，日経アーキテクチュア 2002 年 5 月 27 日号

ヨウキ　新建築住宅特集 2005 年 11 月号
hhstyle.com/casa　新建築 2005 年 7 月号，日経アーキテクチュア 2005 年 6 月 27 日号
江東の住宅　新建築住宅特集 2003 年 6 月号*
トヨタグループ館　建築技術 2004 年 12 月号*，新建築 2004 年 9 月号
スウェー・ハウス　新建築住宅特集 2008 年 10 月号
駿府教会　新建築 2008 年 11 月号，日経アーキテクチュア 2008 年 10 月 13 日号
瓜連小学校体育館　新建築 1992 年 11 月号*
八代の保育園　新建築 2001 年 6 月号*，日経アーキテクチュア 2001 年 2 月 5 日号
きききの吊り橋　新建築 2003 年 3 月号
モヤヒルズ　建築技術 1998 年 1 月号*，新建築 1998 年 8 月号
ふれあいセンターいずみ　建築技術 1998 年 1 月号*，新建築 1997 年 6 月号，建築文化 1997 年 6 月号
糸魚小学校　新建築 2009 年 9 月号
森のツリーハウス　新建築住宅特集 2009 年 1 月号
角窓の家　新建築住宅特集 2006 年 11 月号
国営昭和記念公園〈カメラタワー〉　建築技術 2006 年 9 月号*，新建築 2006 年 7 月号，GA JAPAN 78，
　　日経アーキテクチュア 2006 年 6 月 12 日号
柏の住宅　新建築住宅特集 2008 年 10 月号
南飛騨・健康学習センター　建築技術 2003 年 10 月号*，新建築 2003 年 10 月号
国営昭和記念公園 花みどり文化センター　建築技術 2006 年 9 月号*，新建築 2006 年 7 月号，
　　GA JAPAN 78，日経アーキテクチュア 2006 年 6 月 12 日号
こどもの城　建築技術 2009 年 11 月号*，新建築 2009 年 4 月号*
MAZDA Zoom-Zoom スタジアム広島　建築技術 2009 年 6 月号*，新建築 2009 年 8 月号*，
　　日経アーキテクチュア 2009 年 5 月 11 日号
青森県立美術館　建築技術 2006 年 10 月号*，新建築 2006 年 9 月号*，GA JAPAN 82，
　　日経アーキテクチュア 2006 年 8 月 28 日号
伊那東小学校　新建築 2009 年 7 月号
東京造形大学　新建築 2010 年 10 月号，建築技術 2010 年 11 月号*
　　鉄構技術 2012 年 2 月号*
日本盲導犬総合センター　建築技術 2007 年 5 月号*，新建築 2007 年 1 月号，
　　日経アーキテクチュア 2007 年 1 月 8 日号
表参道ヒルズ　新建築 2006 年 5 月号，GA JAPAN 80，日経アーキテクチュア 2006 年 4 月 10 日号
東京大学情報学環・福武ホール　新建築 2008 年 5 月号，GA JAPAN 92，
　　日経アーキテクチュア 2008 年 4 月 28 日号
H　新建築住宅特集 1994 年 5 月号，建築文化 1999 年 11 月号
国際芸術センター青森　新建築 2003 年 1 月号，GA JAPAN 60
ココラフロント GARDEN SITE　新建築 2008 年 10 月号
笹塚の集合住宅　新建築 2007 年 2 月号*
黒松内中学校　建築技術 2007 年 11 月号*，日経アーキテクチュア 2007 年 11 月 12 日号
上野ビルディング　建築技術 2007 年 5 月号*，日経アーキテクチュア 2007 年 10 月 8 日号
浜松サーラ　日経アーキテクチャー 2010 年 7 月 12 日号，鉄構技術 2012 年 6 月号
自由学園初等部食堂棟　建築技術 2012 年 6 月号*

参考文献

E.トロハ著，木村俊彦訳『現代の構造設計』，彰国社，1961年
クルト・ジーゲル著，川口衞ほか訳『現代建築の構造と表現』彰国社，1967年
Pier Luigi Nervi 著，横尾義貫監訳，小泉昇ほか訳『建築の美と技術』コロナ社，1967年
M.サルバドリー・R.ヘラー共著，望月重訳『建築の構造』鹿島出版会，1968年
S.ギーディオン著，太田實訳『空間・時間・建築』丸善，1969年
松井源吾著『建築構造計画入門』彰国社，1969年
ヘンリィ J.コウエン著，佐々木幹夫訳『建築デザインの工学』彰国社，1970年
山本学治著『現代建築と技術』彰国社，1971年
Heinrich Engel 著，加藤渉・寺崎恒正共訳『建築空間と構造デザイン』鳳山社，1972年
建築構造設計シリーズ編集委員会編『建築の構造計画』丸善，1972年
フォレスト・ウイルソン著，山本学治ほか訳『構造と空間の感覚』鹿島出版会，1976年
村松貞次郎著『日本近代建築の歴史』彰国社，1976年
望月重・石田邦夫著『現代世界の構造デザイナー（アメリカ編）』鹿島出版会，1979年
宮崎興二著『多面体と建築』彰国社，1979年
横山不学著『建築構造設計論——理念の追求と展開』彰国社，1979年
山本学治著『造型と構造と』鹿島出版会，1980年
望月洵著『建築の構造——その力学と計画の基礎』学献社，1981年
ローランド J.メインストン著，山本学治・三上祐三訳『構造とその形態』彰国社，1984年
M.サルバドリー著，望月重ほか訳『建築構造のはなし——原理と応用』鹿島出版会，1982年
田口武一著『建物とストレスの話』井上書院，1985年
川口衞・阿部優ほか著『建築構造のしくみ——力の流れとかたち』彰国社，1990年
山口廣監修，江口敏彦著『東京の近代建築——建築構造入門』理工学社，1990年
「特集：建築の構造デザイン」建築文化1990年11月号，彰国社
R.マーク著，飯田喜四郎訳『光と風と構造——建築デザインと構造のミステリー』鹿島出版会，1991年
木村俊彦著『構造設計とは』鹿島出版会，1991年
J.E.ゴードン著，石川廣三訳『構造の世界——なぜ物体は崩れ落ちないでいられるか』丸善，1991年
坪井善勝記念講演会実行委員会『空間構造』No.1～10，1993～2002年
大橋雄二著『日本建築構造基準変遷史』日本建築センター，1993年
日本建築学会編『建築構造パースペクティブ』日本建築学会，1994年
柏原士朗・橘英三郎編『建築デザインと構造計画』朝倉書店，1994年
田中彌壽雄著『力学と建築物のかたち』建築技術，1995年
齋藤裕監修『Felix Candela——フェリックス・キャンデラの世界』TOTO出版，1995年
M.レヴィ・M.サルバドリー著，望月重ほか訳『建物が壊れる理由』建築技術，1995年
アンガス J.マクドナルド著，斎藤公男監訳『建築の構造とデザイン』丸善，1995年
岩田衛著『はじめてのシステムトラス』建築技術，1996年

佐々木睦朗著『構造設計の詩法』星雲社，1997年
P.ライス著，岡部憲明監訳『ピーター・ライス自伝——あるエンジニアの夢みたこと』鹿島出版会，1997年
ドーム建築企画編集委員会『つどいの空間——ドーム建築のデザインと技術』日本建築センターほか，1997年
「特集：モダン・ストラクチュアの冒険」建築文化1997年1月号，彰国社
建築構造システム研究会編『図説テキスト建築構造』彰国社，1997年
宮元健次著『初めての建築構造デザイン』学芸出版社，1997年
石井勉監修，AECネットワーク著『図解よくわかる建築・土木』西東社，1997年
増田一眞著『建築構法の変革』建築資料研究所，1998年
日本建築構造技術者協会編『図説　建築構造のなりたち』彰国社，1998年
望月洵著『力学と構造フォルム』建築技術，1998年
石井一夫編著『世界の膜構造デザイン』新建築社，1999年
増田一眞著『架構のしくみで見る建築デザイン』彰国社，1999年
渡辺邦夫監修『木村俊彦の設計理念』鹿島出版会，2000年
松村昌家著『水晶宮物語』筑摩書房，2000年
宮崎興二著『建築のかたち百科——多角形から超曲面まで』彰国社，2000年
佐藤邦昭著『現代建築学構造設計論』鹿島出版会，2000年
D.ビリントン著，伊藤学ほか訳『塔と橋——構造芸術の誕生』鹿島出版会，2001年
H.ペトロスキー著，中島秀人ほか訳『橋はなぜ落ちたのか——設計の失敗学』朝日新聞社，2001年
藤本盛久編著『構造物の技術史』市ヶ谷出版社，2001年
三上祐三著『シドニーオペラハウスの光と影——天才建築家ウッソンの軌跡』彰国社，2001年
A.ホルゲイト著，播繁監訳『構造デザインとは何か』鹿島出版会，2001年
日本建築構造技術者協会編『建築の構造設計』オーム社，2002年
『魅せる力学』建築画報別冊，建築画報社
E.トロハ著，川口衛監修『エドゥアルド・トロハの構造デザイン』相模書房，2002年
渡辺邦夫著『飛躍する構造デザイン』学芸出版社，2002年
ヴィジュアル版建築入門編集委員会編『建築の構造——ヴィジュアル版建築入門3』彰国社，2002年
皆川洋一編著『建築空間構造』オーム社，2002年
日本建築構造技術者協会編『日本の構造技術を変えた建築100選——戦後50年の軌跡』彰国社，2003年
斎藤公男著『空間　構造　物語——ストラクチュラル・デザインのゆくえ』彰国社，2003年
日本建築学会編『ドーム構造の技術レビュー』日本建築学会，2004年
佐々木睦朗著『フラックス・ストラクチャー』TOTO出版，2005年
セシル・バルモンド著，金田充弘監訳，山形浩生訳『インフォーマル』TOTO出版，2005年
坪井善昭ほか編著『［広さ］［長さ］［高さ］の構造デザイン』建築技術，2007年
内藤廣著『構造デザイン講義』王国社，2008年

図版資料提供

青木茂建築工房
青木淳建築計画事務所
アトリエ・アンド・アイ
アトリエブンク
アトリエ・ワン
安藤忠雄建築研究所
飯田善彦建築工房
環境デザイン研究所
建築研究所アーキヴィジョン
千葉学建築計画事務所
東京工業大学八木幸二研究室
原広司＋アトリエ・ファイ建築研究所
横内敏人建築設計事務所

写真提供

青木茂建築工房	7-15
淺川敏	7-11　7-14
アトリエ・アンド・アイ	2-13
アトリエブンク	2-53　2-54　2-55　2-56　3-4　4-11　4-14　7-6　7-7　7-8
アトリエ・ワン	2-28　3-50　3-51
安藤忠雄建築研究所	1-3　2-1　2-42　2-43　2-67　3-18　3-19　3-39　3-40　4-8　6-7　6-8　6-17　6-18
上田宏	3-36　3-37
遠藤秀平建築研究所	2-8　2-9
環境デザイン研究所	3-58　7-4　7-5
熊倉洋介建築設計事務所	2-4　2-5
K計画事務所	3-23
五洋建設	5-16
新建築社写真部	3-42
鈴木研一	4-28　4-29
チーム・ドリーム	2-31　2-32
西川公朗	5-10　5-11
長谷川豪建築設計事務所	3-14
原広司＋アトリエ・ファイ建築研究所	1-1
堀内広治	2-34　2-35
みかんぐみ	5-25　7-1　7-10　7-12
安田アトリエ	5-35　5-36

著者紹介

金箱温春 (かねばこ　よしはる)

1953 年　長野県生まれ
1975 年　東京工業大学卒業
1977 年　東京工業大学大学院修士課程修了
1977 年　横山建築構造設計事務所入所
1992 年　金箱構造設計事務所設立
2008 年　博士（工学）取得
2011～2015 年　(一社)日本建築構造技術者協会会長
現在　　工学院大学特別専任教授，東京工業大学特定教授

主な受賞
JSCA 賞（1998 年），日本免震構造協会作品賞（2004 年，2009 年），
松井源吾賞（2005 年），北海道建築賞（2006 年）
日本建築学会賞（業績）（2016 年）

主な構造設計担当作品
京都駅ビル，遊水館，潟博物館，兵庫県立美術館，青森県立美術館，釧路こども遊学館，表参道ヒルズ，リーテム東京工場，昭和記念公園花みどり文化センター，黒松内中学校，日本盲導犬総合センター，駿府教会，MAZDA Zoom Zoom スタジアム広島

著書
『図解　よくわかる建築・土木』共著，西東社，1997 年
『Space Structure　木村俊彦の設計理念』共著，鹿島出版会，2000 年
『見えない震災』共著，みすず書房，2006 年
『サンチャゴ・カラトラバ　建築家の講義』翻訳，丸善，2008 年
『力学・素材・構造デザイン』共著，建築技術，2012年

構造計画の原理と実践

発行	2010年4月12日　第1刷
	2013年3月21日　第2刷
	2018年4月18日　第3刷
著者	金箱温春
発行者	橋戸幹彦
発行所	株式会社建築技術
	〒101-0061　東京都千代田区神田三崎町 3-10-4　千代田ビル
	TEL 03-3222-5951　FAX 03-3222-5957
	http://www.k-gijutsu.co.jp
	振替口座 00100-7-72417
装丁デザイン	春井裕（ペーパースタジオ）
DTP組版	白石春美（ワールドビュウ）
印刷・製本	石塚印刷株式会社

落丁・乱丁本はお取り替えいたします。
ISBN978-4-7677-0127-1
©Yoshiharu Kanebako 2010, Printed in Japan

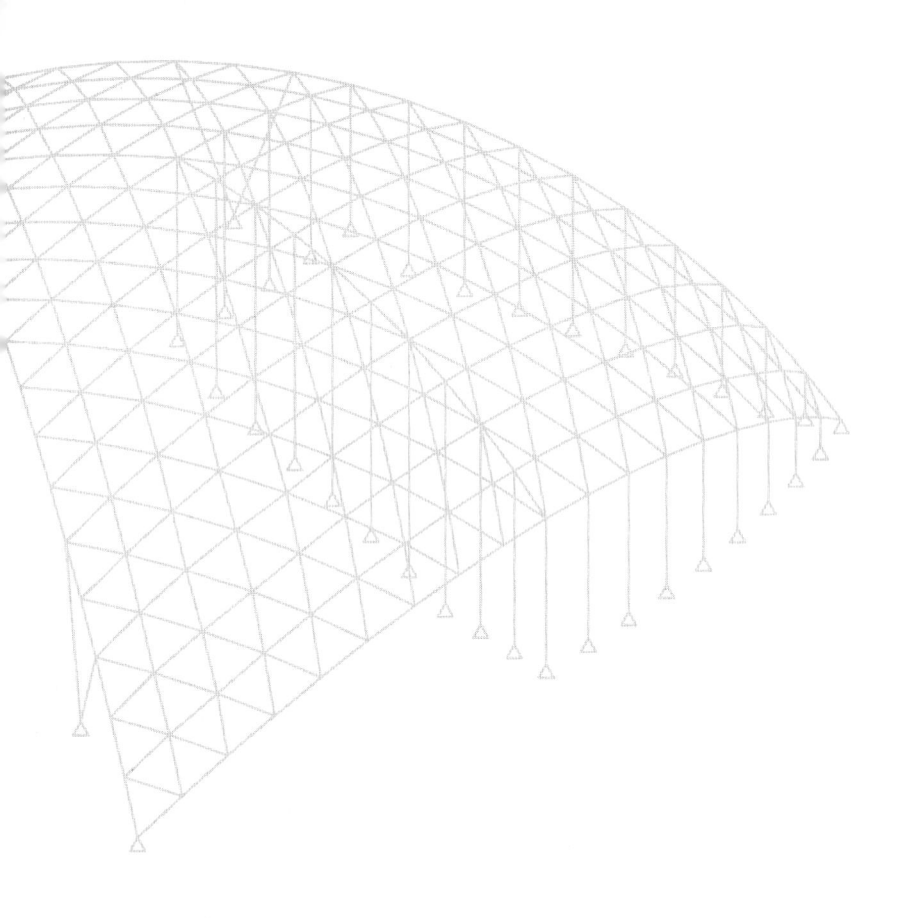